J. Friedrich Butters

Führer durch Bad Dürkheim in der Rheinpfalz und seine

Umgebungen

J. Friedrich Butters

Führer durch Bad Dürkheim in der Rheinpfalz und seine Umgebungen

ISBN/EAN: 9783743697393

Hergestellt in Europa, USA, Kanada, Australien, Japan

Cover: Foto ©Andreas Hilbeck / pixelio.de

Weitere Bücher finden Sie auf **www.hansebooks.com**

Führer

durch

Bad Dürkheim

in der Rheinpfalz

und

seine Umgebungen.

Von

J. Friedr. Butters,

prot. Pfarrer.

Dürkheim 1868.

Georg Lang's Buchhandlung.

Seht, welch ein duftig blüh'nder Rebengarten
Ist rings des Rheines grünes Uferland
Die Burgen selbst, der Urwelt morsche Warten
Umflicht das ewig schöne Rebenband.
Es pflanzet ihr blühenden Standarten
Die Gegenwart mit vielgeschäft'ger Hand
Und aus der rohen Urkraft jener Tage
Erblüht Erinnerung als Märchensage.

O quellt und strömt, ihr reinen Lebensmächte!
Was man zu jeder Zeit mit ächter Lust
Genießen kann, das ist gewiß das Aechte.
Natur bleibt ewig jung, an ihrer Brust
Gedeihet noch die Kraft, die ungeschwächte
Und reißt sich frei aus Moder, Staub und Wust;
Selbst um die Schranken, die ihr aufgedrungen,
Hat segensreich sie Laub und Frucht geschlungen.

Hier von der Höhe laßt die Blicke schweben;
Rings allumher im weiten blüh'nden Thal
Seht ihr den Wein schon in den jungen Reben,
Der Euch durchglühet einst mit Wonnestrahl! —
Noch sproßt's, noch treibt's in wankenden Geweben
Bald gährt der Most, bald glänzt in bunter Wahl
Purpur und Gold! So quillt, wie aus den Reben
Aus neuer Jugend stets ein neues Leben.

O Rheinland, sei gegrüßt, an's Herz geschlossen!
Des schönen Schaffens sei uns du ein Bild!
So laßt auch uns gleich jenen Rebensprossen
Nicht rasten, bis der Welt wir treuerfüllt
Den Wein der Freiheit golden frisch erschlossen,
Und froh den Durst der Schmachtenden gestillt.
Den Wein der Lieb' aus vollen reifen Trauben
Und uns're Lieder — soll'n sie uns nicht rauben.

Roquette.

Seinen Freunden

ben Herren

Theodor Keppel,

königl. Studienlehrer zu Schweinfurt,

Friedrich Beck,

königlicher Studienlehrer in Dürkheim,

zur freundlichen Erinnerung

an die

gemeinschaftlich verlebten, schönen Tage

in Dürkheim und seiner Umgebung

gewidmet

vom Verfasser.

Führer in Dürkheim.

(Notizen für Kurgäste.)

Bahnhof ist sehr günstig in unmittelbarer Nähe der Stadt gelegen, Droschken und Führer sind daselbst stets anzutreffen, in den meisten Fällen jedoch nicht nothwendig, da die Entfernung nach allen Punkten der Stadt gering und jedes Haus leicht zu erfragen ist. Auch denjenigen Kurgästen, welche Privatwohnungen suchen, ist anzuempfehlen, zuerst im Hôtel abzusteigen und von da mit Musse sich die nach Lage und Einrichtung etc. zusagendste Wohnung auszuwählen.

Logirhäuser sind durch die ausgehängten gedruckten Zettel leicht zu finden. Die Preise der Zimmer sind nach Lage, Ameublement, Bequemlichkeit, Grösse, sowie nach Frequenz der Saison verschieden und ist selbstverständlich in jedem einzelnen Falle zu accordiren. Gewöhnlich erhält man in den Logirhäusern den Kaffee, wohl auch Abendessen, Mittagstisch dagegen nur ausnahmsweise.

Kurtaxe. Gegen Erlegung von 2 fl. wird die Kurkarte eingehändigt, welche zugleich als Aufenthaltskarte dient. Dafür steht dem Kurgaste die Benützung des Lesecabinets, sowie der Besuch der Mittwochs und Sonntags stattfindenden Reunionen auf der Terrasse des Kurgartens unentgeltlich zu.

Trinkhalle am Bleichbrunnen vor dem Gradirhause. Auch Molken werden daselbst verabreicht. Trinkstunden Morgens von 6—8, Abends von 5—7 Uhr. Das

Brunnenmädchen erhält am Schlusse der Kur ein entsprechendes Trinkgeld. Kurmusik Morgens von 6—7 Uhr.

Traubenkur: Die Buden befinden sich auf dem Plateau des Kurgartens und sind den ganzen Tag geöffnet. Die passenden Stunden zum Essen, sowie die Quantität der Trauben ist von den Aerzten zu erfragen. (Siehe Dr. Kaufmann's Schrift: Die Traubenkur zu Dürkheim). Kurmusik von 7—8 Uhr.

Aerzte: Dr. Herberger, Kantonsarzt. Schlossplatz. Sprechstunde: Vormittags von 12—1 Uhr.
Dr. Kaufmann, Gendarmeriestrasse, Sprechstunde: Vormittags von 11—1 Uhr.
Dr. Löchner, Wachenheimerstrasse, Sprechstunde: Nachmittags von 1—3 Uhr.
Dr. Schäfer, Wachenheimerstrasse, Sprechstunde: Vormittags von 11—12 Uhr.

Apotheken: Löwenapotheke von Fr. Bischoff, Wachenheimerstrasse.
Schwanapotheke von Dr. Schepp, Römerplatz.

Lesekabinet, im II. Stock des Café Puder nächst dem Stadthause, steht jedem Fremden offen. Es liegen deutsche und französische Zeitungen auf.*)

Polizeibureau im Stadthause, Eingang vom Schlossplatze links erste Thüre.

Telegraphenstation und **Post,** beide in demselben Locale im Hofe der 4 Jahreszeiten.

Gasthöfe: Vier Jahreszeiten (Wittwe Seel), Römerstrasse; Hotel Reitz (Bes. Vollmer), nahe dem Bahnhof und Kurgarten; Zum Haardtgebirg (Ph. Sorg), Wormser Strasse nächst dem Kurgarten. Sämmtlich mit Gärten und Soolbad-Einrich-

---

*) Kurfremden, welche durch ein Mitglied der Lesegesellschaft (Seite 20) in dieselbe eingeführt worden, steht der Besuch des gut ausgestatteten Lesezimmers der Gesellschaft frei.

tungen. Von den beiden erstern sind Droschken am Bahnhofe. Da keine festen Preise angegeben werden können, accordire man bei beabsichtigtem längeren Aufenthalt.

Hôtel garni: Wtw. G e i s t, Aichstrasse. Schöner Garten.

Badehäusser: Ausser den obengenannten vier bei D r. H e r b e r g e r, Schlossplatz, und Badmeister L o u i s an der Isenach; bei Letzterem ausser Soolbädern auch Süswasser-, Douche- und russische Dampfbäder.

Restaurationen: C r o n, nächst dem Bahnhof; Rest. à la carte, Diner auf Bestell, Wein-, Bier- und Caffeewirthschaft, schöner freier Platz vor dem Hause. — S c h i c k, neben vorigem, Bier und Wein, schöner Garten.

Cafés: Wtw. P u d e r am Schlossplatz, — S c h ü p p l e, ebendaselbst. In beiden Wein, Bier und Billard.

Bierwirthschaften: B a r t am Römerplatz; Metzner, in der Wormserstrasse; H e u s s e r am Schlossplatz und Gartenwirthschaft in Kirchner'schen Local.

Weinwirthschaften sind ausser den oben genannten Hôtels und Restaurationen noch mehrere da, die zum Theil sehr gute selbstgezogene Weine verzapfen.

Conditoreien: F r a n k, in der Römerstrasse. — K r i e g, neben der Schick'schen Restauration.

Cigarren: H a f f n e r, am Römerplatz; — D a m b a c h, ebendaselbst; W ü r t z und N o l l in der Wachenheimerstrasse, H o f f m a n n, in der Römerstrasse; — R e s c h und L a n d m a n n am Schlossplatz etc. etc.

Droschken: G e b r. Maas in der Römerstrasse; m a n a c c o r d i r e v o r d e r F a h r t.

Dienstmann ist bis jetzt nur einer angestellt, der sich zu jedem Zuge am Bahnhof einfindet; den amtlichen Tarif führt derselbe fortwährend bei sich und hat ihn auf Verlangen jederzeit vorzuzeigen.

Buchhandlung: Georg Laug, alte Mannheimerstrasse, nächst dem Kurgarten; Reisebücher, Ansichten und Karten, Schreibmaterialien.

Leihbibliothek und **Musikleihanstalt** ebendaselbst.

Lithographie und **Buchdruckerei** von J. Rheinberger, hinter Berg.

Gärtner: Koch, Morsch und Walther Wtw., sämmtlich in der Gerberstrasse an der Isenach.

Photographen: Lederle, Schreiber.

Zeitungen und **Lokalblätter,** die hier erscheinen: Union, ev. prot. Kirchenblatt; Dürkheimer Anzeiger, Bote von Dürkheim, Kurliste.

Pfarrer: a) protest. I. Pfr. Bürger, Römerstrasse.
   „ II. „ Inspector Matthias, an der Schlosskirche.
   „ III. „ Butters, an der Burgkirche.
  b) kath. Hitzelberger alt. Mannh. Strasse.
  c) israel. Bezirksrabbiner Dr. Salvendi, alte Mannheimer Strasse.

Einleitung.

Die Pfalz.

„Fröhlich Pfalz, Gott erhalt's." In diesem Worte spricht sich die stolze Freude des Pfälzers an seinem Lande und seine innige Liebe zu demselben aus. Und fürwahr! er hat Grund, stolz darauf zu sein, und er wäre der undankbarste Mensch, wenn er es nicht innig liebte. Aber nicht nur der Pfälzer Herz schlägt höher bei dem Namen ihres Heimathlandes, fröhlich grüßt es Jeden der es betritt, und in der Erinnerung der Meisten seiner Besucher sind gewiß die Tage, die sie in der Pfalz verlebten, als fröhliche, genußreiche Tage verzeichnet. —

In der Ebene reiche Saaten, an den Hügeln goldner Wein, auf den Bergen stolze Wälder und in den Städten und Dörfern ein frisches, fröhliches, freies, fleißiges Volk, das ist, mit wenigen Strichen gezeichnet, die fröhliche Pfalz. —

Die Pfalz führt zum Unterschiede von anderen Ländern oder von einzelnen Theilen derselben verschiedene Namen. Sie heißt Rheinpfalz, als bayrischer Kreis, damit sie nicht verwechselt werde mit der Oberpfalz, die im Munde des Volkes den wenig empfehlenden Namen „Steinpfalz" führt und einer der sieben jenseitigen Kreise Bayerns ist. Da auch an Baden, Hessen und Preußen Theile der früheren Churpfalz kamen, die allerdings nicht mehr

1

officiell, aber immer noch im Munde des Volkes den
alten Namen führen, — die an den Rhein grenzenden
Nassauer verstehen z. B. unter „Pfalz" das gegenüber-
liegende Rheinhessen — so wird unsere Pfalz als
„bayerische Pfalz" von der hessischen und badischen un-
terschieden. Die im Westen und Norden angrenzenden Länder heißen Rheinpreußen und Rheinhessen, mit ihnen
tritt die Pfalz als drittes Rheinland unter dem Namen
„Rheinbayern" in den Bund. —

Seinen Namen Pfalz erhielt unser Kreis durch
König Ludwig I. im Jahre 1837, der ihn denselben
gegen den früheren Namen Rheinkreis vertauschen ließ,
welch letzteren er von 1817—1837 geführt hatte. Die
Grenzen der Pfalz sind im Norden, Rheinpreußen und
Rheinhessen, im Osten Rheinhessen, und durch den Rhein
von ihr getrennt Baden, im Süden Frankreich und im
Westen wieder Rheinpreußen.

Nach ihrer Bodenbeschaffenheit zerfällt sie in drei
charakteristisch unterschiedene Gebiete; in die Rheinebene, das Gebirgsland und das Hügelland.
— Die Rheinebene selbst wieder, im Süden sich
vom Rhein bis an die Vogesen, im Norden vom Rhein
bis an die Haardt in einer Durchschnittsbreite von
4½ Stunden erstreckend, zeigt eine dreifache Stufung
der Bodenverhältnisse. Riehl unterscheidet „Rhein-
niederung — Ueberschwemmungsgebiet des Rheines;
Rheinebene, das überschwemmungsfreie Land, und
Weinpfalz, die östlichen Vorhügel der Haardt. Damit stimmt nun vollkommen überein die statistische Ein-
leitung zur Schilderung der Rheinpfalz in dem Prachtwerke
„Bavaria." Diese nennt ein Ueberschwemmungsgebiet mitunter einer Stunde breit vom jetzigen
Rheinlaufe in das Land gehend; die starkbevölkerte
mittlere Ebene, im Süden vom Bienwald bedeckt,

bei Speyer sandig und trocken; bei Frankenthal von vielen kleinen Gewässern durchschnitten, ein äußerst dankbarer Boden für den Ackerbau, der sich mitunter zur gartenmäßigen Feldcultur steigert. Dann, ungefähr eine Stunde von der Haardt die sanft zu den Vorhügeln derselben hinansteigende Ebene, in welcher die Herrschaft des Weines beginnt, die ihren Höhepunkt an dem Fuße der nördlichen Haardt erreicht. —

Das Gebirgsland der Pfalz wird durch Ausläufer der Vogesen gebildet. Der Hauptzug ist die von Süden nach Norden ziehende, gegen Westen in Hügelland verlaufende, gegen Osten ziemlich steil zur Rheinebene abfallende, im Norden an den Donnersberg und die ihn umgebende Berggruppe anschließende Haardt. (Silva hercynia: Hart, Haardt oder Hardt ist das altdeutsche Wort für Gebirg.) Nur enge aber wasserreiche Thäler durchziehen das zum größten Theil stark bewaldete Innere der Haardt. Von den gegen Osten hin sich öffnenden Thälern sind die drei hauptsächlichsten, das Annweiler Thal, aus dem die Queich, das Neustadter Thal, aus dem der Speyerbach und das Dürkheimer Thal aus dem die Isenach dem Rheine zufließt. Die höchsten Punkte des Haardtgebirges sind: Die Große Kalmit bei Edenkoben 2096', Schänzel 1898', Teufelsberg 1856', Rehberg 1722', Wegelburg 1767', Hohberg am Drachenfels 1763', Dorstenberg 1722', Weinbith 1711', Hohenberg 1710', Rahnfels 1572', Peterskopf 1530'. —

Die aus diesem Gebirgslande entspringenden Gewässer gehen, so weit sie der östlichen Abdachung angehören, alle direct, so weit sie der süd= und nordwestlichen Abdachung angehören durch Blies, Glan, Alsenz, Appel und Nahe indirect dem Rheine zu.

Für den Ackerbau ist dieser Theil der Pfalz nicht so

1 *

geeignet wie die Rheinebene, oder auch nur das Hügelland des Westrich. Dafür aber nimmt immer mehr
die Industrie Besitz von den den Thälern der Haardt.
Der Mittelpunkt der industriellen Thätigkeit der Pfalz
ist Kaiserslautern, das an der westlichen Pforte des Gebirgslandes, da wo sich die Berge gegen die Landstuhler
Niederung öffnen, liegt. —

Das Hügelland erscheint da, wo es sich von Süden
an die Haardt anschließt, als eine felsige Hochebene mit
zahlreichen tiefen Einschnitten. Westlich davon, bei Zweibrücken, ist es ein von breiten, den lieblichsten Anblick
gewährenden Wiesenthälern durchzogener eigentlicher
Hügelboden. Zwischen Homburg und Kaiserslautern
werden die Hügelzüge durch die Moorniederung des
Landstuhler Bruchs unterbrochen, um sich im Glangebiete
nordwestwärts wieder fortzusetzen. Wo sich das Hügelland im Norden wieder dem Bergland nähert, schließen
es tief eingefurchte Hochrücken ab. Dieser Theil der
Pfalz bietet einen mannichfaltigen Anblick dar, Wälder
und Felder wechseln in ihr ab. Ackerbau und Viehzucht sind
ihre Hauptnahrungszweige, und auch die Industrie hat durch
die Steinkohlenschätze dort eine reiche Stätte gefunden. —

Das Klima, und mit ihm die Vegetation der einzelnen Gegenden und Orte ist in der Pfalz nicht sowohl
durch die Höhenlage derselben über dem Meeresboden bedingt, als durch ihre Lage in und an dem Gebirge, durch die
Oeffnung der Thäler nach Norden oder Süden, oder
auch durch den größeren oder geringeren Schutz den
vorliegende Berge den einzelnen Orten gewähren.

Die Blüthezeit der meisten Pflanzen beginnt im
Rheinthale 14 Tagen früher als in dem westlichen Hü-
gellande bei Zweibrücken, das wiederum in der Blüthezeit um 8 Tage dem westlichen Abhange und der Mitte
des Gebirgslandes vor ist. Eben so verhält es sich mit

der Erntezeit. Die dem Ostabhange der Haardt vor-
liegenden Hügel ergeben einen Wein, der mit den besten
Weinen des Rheingau's concurriren kann. Außerdem
haben noch das untere Bliesthal, das Alsenz-, Glan-
und Nahethal Weinbau. Die wärmste Gegend
der Pfalz ist das Rheinthal von Neustadt bis
Dürkheim. Denn da wächst der edelste Wein. Hier
prangt die Gegend im Blüthenschmucke der Mandel-,
Aprikosen- und Pfirsichbäume, wenn an der oberen Haardt
zwischen Queich und Lauter noch kein Obstbaum in
Blüthe steht. Die Zwetschgen reifen hier 8 Tage früher
als bei Landau, 14 Tage früher als bei Zweibrücken
und 4 Wochen früher als bei Kaiserslautern. Am käl-
testen ist der Strich zwischen Kaiserslautern und Homburg. Dort öffnen sich alle Thäler nach Norden, und
gegen Süden wehren mißgünstige Berge den Zugang der
wärmeren Luft.

Die Pfälzer, die jetzt die Pfalz bewohnen, bilden
keinen besonderen Volksstamm. So weit sie ihre Geschichte
verfolgen können, sind Kelten, Römer, Alemannen und
Franken ihre Stammväter. Letztere, die Franken, haben
ihnen ihre Stammeseigenthümlichkeit am erkennbarsten
aufgeprägt. Wie die Pfalz aber nur zu oft der Schauplatz blutigster Kriege war, so war sie auch zu verschiedensten Zeiten das Endziel mannichfacher Einwan-
derungen. Diesen beiden Ursachen hat man es zuzuschreiben, daß im Großen und Ganzen es rein unmög-
lich ist, bestimmte Eigenthümlichkeiten eines Volksstammes
aus der Körperbeschaffenheit nachzuweisen. Immer aber
hat das milde Klima der Pfalz seinen günstigen Einfluß auf ihre Bewohner ausgeübt. Ein zahlreicher, kräf-
tiger, geistig begabter und aufgeklärter Menschenschlag,
mit besonders ausgeprägtem Rechtsgefühle und rasch auf-
lodernder Liebe zur Freiheit, hat von jeher die Pfalz

bewohnt. Ihre Gesetze und Institutionen sind freier als man sie sonst wo in deutschen Landen findet. Was erst seit kurzer Zeit das übrige Deutschland nach langen Kämpfen sich errang, wie z. B. öffentliche Schwurgerichte, war schon längst der Pfalz Eigenthum, und noch jetzt sind viele ihrer Einrichtungen das Ziel, um dessen Erreichung andere Länder erst noch kämpfen müssen. Die allgemeine Standesgleichheit, die in der Pfalz dadurch, daß kein Adel und keine großen Städte mit Patriziern in ihr sind, sich von selbst ergab; die Freizügigkeit und Gewerbefreiheit, das öffentliche und mündliche Gerichtsverfahren, das durch die französische Gesetzgebung in der Pfalz eingeführt wurde, die Theilbarkeit des Bodens, die Civilehe und das Verehelichungsrecht, die Freiheit von allen Feudallasten, das sind die Grundsteine, auf denen sich der Wohlstand der Pfalz aufgebaut hat. Eine treue Pflege findet dieser Wohlstand in dem weltbekannten Fleiße der pfälzischen Bevölkerung. Es wird durch diesen Fleiß, der gepaart ist mit traditioneller Erfahrung im Acker- und Weinbau und unterstützt durch die Theilbarkeit der Güter, möglich, nach dem Flächenraum das Doppelte an Getreide zu liefern gegen das jenseitige Bayern. Und es wird gewiß nicht zu viel behauptet sein, wenn man sagt, der Fleiß der Pfälzer hat die Pfalz zu dem bestbebauten und bewirthschafteten Lande Deutschlands gemacht. —

Die pfälzische Industrie und Fabrikation ist in stetem Wachsthum begriffen. Besonders industriereich sind die Städte Kaiserslautern, St. Ingbert, Pirmasens ꝛc. ꝛc. Die Erzeugnisse dieser Industrie gehen weit hinaus „in alle Länder," am bekanntesten sind die Pirmasenser Schuhe.

Die Religion macht in der Lebensweise der Pfälzer keinen Unterschied. Die Confessionen leben gerne im Frieden mit einander und achten ihre gegenseitigen Glaubensansichten. Die Hetzereien die von verschiedenen Seiten zu verschiedenen Zwecken angestellt werden, sind dem Volke, so Protestanten wie Katholiken, verhaßt. Ein nicht zu unterschätzendes Element in der pfälzischen Bevölkerung bilden die Juden, deren jetzt 15,000 in der Pfalz, davon ⅔ in der Vorderpfalz wohnen.

––––––––––

Behufs eingehenderer Information über die Pfalz empfehlen wir folgende Werke:

Landes- & Volkskunde der bayerischen Pfalz. Herausgegeben von mehreren Gelehrten. (Separatabdruck aus der Bavaria.) München, lit. art. Anstalt.

Gärtner, Geschichte der pfälzischen Burgen u. Schlösser. 2 Bde. Speyer, Lang.

Riehl, Die Pfälzer. Stuttgart, Cotta.

Lehmann, Wegweiser durch die Pfalz. Mit Reisekarte. (Touristenführer.) Speyer, Lang.

Dürkheim.

Da wo die Berge der Haardt auseinander treten,
um ihrer Tochter, der frischen Isenach, den Blick und
Austritt in die freie goldene Rheinebene zu gestatten,
da liegt, von den Ufern der Isenach aufsteigend, sich
an niedere Vorhügel der Haardt anschmiegend — Dürkheim, im reichen Städtekranz der Pfalz, eine der
lieblichsten Blumen. Von welcher Seite her man sich
der Stadt naht, sei es, daß man auf den breiten wohl-
gepflegten Landstraßen, die aus den verschiedenen Richtungen der Ebene in Dürkheim zusammenlaufen, sie von
der Ostseite, sei es, daß man aus dem Dürkheimer
Thale kommend nach der letzten Biegung, die dasselbe
macht, von der Westseite sie zum erstenmale sieht, oder
daß sie der über das Gebirge steigende Wanderer, des
Zieles froh, zu seinen Füßen liegend erblickt, immer
bietet Dürkheim einen reizenden Anblick dar, und freundlich ladet es ein, zu bleiben. Wer seiner Einladung
folgt und einkehrt in den Mauern Dürkheim's, der findet
zwar keine Stadt, wie die Neuzeit sie baut, mit breiten
geraden Straßen, die die Häusermasse in regelrechte Vier-
ecke zerlegen, er findet eine Stadt, der man es an einer
Anzahl enger Straßen und an den dicht zusammenge-
rückten Häusern auf den ersten Blick hin ansieht, daß
sie ihr Alter nach Jahrhunderten zählt, und daß sie
in einer Zeit entstand, da Unsicherheit aller öffentlichen
Verhältnisse nöthigte, jede Wohnstätte gewerbfleißiger

Bürger mit Mauern, Graben und Wall zu umgeben, um sie vor den Gelüsten beutegieriger Feinde zu schützen. Aber die Enge der Gassen beengt uns nicht, es weht uns aus ihnen ein Hauch der Gemüthlichkeit an, der schnell für Dürkheim gewinnt. Auch gilt die Enge der Straßen nur von dem mittleren älteren Theile der Stadt, die neueren Straßen sind breiter, mit freund= lichen und zum Theile stattlichen Häusern besetzt. Durch Dürkheim fließt in der Richtung von Osten nach Westen die Isenach, die sich beim Eintritte in die Stadt in 2 Arme theilt. Sie ist es, die den ihre Ufer umgebenden Gärten auch im heißesten Sommer, wo ringsum alles welkt und dörrt, das frische erquickende Grün erhält, das dem Auge so wohlthut, und der damit geschmückten Stadt eine Hauptzierde ist. Die Berge, an deren Hang Dürkheim sich anlehnt, sind von freundlichen Re= begeländen, Kastanienwäldern und Obstbäumen bekränzt und ihre Höhen deckt dunkler Fichtenwald.

Ist die Gegend von Neustadt nach Dürkheim die wärmste der ganzen Pfalz, **so ist hinwiederum das Klima Dürkheims wohl das mildeste dieser ganzen Strecke.** Die Berge im Norden und Westen schützen es vor den rauhen Winden, die aus diesen Himmelsgegenden wehen. Es ist somit für einen Badeort so vortrefflich gelegen, wie man es sich nur wünschen kann. Wir verweisen in dieser Beziehung auf **Dr. Kaufmann's** Schrift über die Soolquellen, Dürkheim bei Gg. Lang 1867.

Dürkheim zählt gegenwärtig circa 650 Häuser und 5600 Einwohner, ist Kantonshauptort, Sitz eines Land= gerichts, Rentamts, Forstamts u. s. w. Die Stadtgemeinde besitzt ein bedeutendes Vermögen (größtentheils in Wäldern).

Weinbau, Weinhandel und die damit zusammen= hängenden Gewerbe sind die Haupterwerbszweige der ganzen Gegend.

Die Industrie ist wenig entwickelt. Im Isenach= Thale befinden sich 2 Papierfabriken und mehrere Ge= treibe=, Oel= und Sägmühlen. Außerdem in Dürkheim 4 bedeutende Gerbereien, 4 Bierbrauereien, mehrere me= chan. Werkstätten 2c.

Oeffentliche Gebäude.
1. Schloßkirche
als das älteste und geschichtlich interessanteste.

In einer Urkunde vom Jahre 946 wird bereits einer Kirche zu Dürkheim erwähnt, die der Bischof Reginbold von Speyer dem rheinfränkischen Herzoge Konrad übergab und zuverlässig ist die Kirche zu St. Johann aus dieser entstanden. Im 15. Jahrhundert wurde sie in schönem gothischem Style erbaut. Im Jahre 1566 (welches Jahr als das Einführungsjahr der Re= formation in den leining'schen Landen zu betrachten ist) wurde diese Kirche durch Emich IX. den Protestanten übergeben.

Im 17. Jahrhundert scheint Mangel am Raume die Ursache gewesen zu sein, warum man die Kirche durch Emporbühnen, die so ganz und gar nicht in sie hineinpassen, verunzierte. Auch die Kanzel, die im Rokokostyle erbaut ist, schadet dem Eindrucke des Ganzen. Im Jahre 1689, als Dürkheim durch Melak verbrannt wurde, trotzten zwar die Kirche und nur sehr wenige Gebäude den Flammen, aber der Thurm war doch so sehr schadhaft geworden, daß sein Bestehen im Anfange des 19. Jahrhunderts durch Anbringung starker Eisen= bande gesichert werden mußte. Im Jahre 1847 aber wurde er, da er ein Damoklesschwerdt für die Nachbarn geworden, auf polizeiliche Verfügung abgebrochen. An seiner Stelle nun erbaute die protestantische Kirchenge=

meinde den neuen gothischen Thurm, der als ein wohl-
gelungenes Werk eine Zierde der Stadt und ganzen
Umgegend genannt zu werden verdient. Hiebei muß
rühmend anerkannt werden, daß die Civilgemeinde und
alle Glaubensgenossenschaften Dürkheims mit zum Baue
beisteuerten.

Den Plan zu dem Thurme entwarf der damalige
Bauassistent Kreuthner zu Neustadt. Da dieser aber
sehr bald nach dem Beginne des Baues von Neustadt
versetzt wurde, so wurde später die Leitung des Baues
dem jetzigen Bauassistenten Geyer übertragen, unter dessen
umsichtiger Leitung auch im Jahre 1866 der Thurm
vollendet wurde. Er ist im neugothischen Style erbaut,
von edlen Verhältnissen und Maßen und wird wohl der
schönste Thurm in der Pfalz sein. Auf seinen Galerien,
zu denen man bis zu den Glocken sehr bequem, von da
auf einer hübschen eisernen Wendeltreppe auch noch ohne
Schwierigkeit gelangt, bietet sich dem Besucher eine
wunderbar schöne Aussicht dar. Die Stadt Dürkheim
zu Füßen, gegen Westen den Blick auf das Gebirg und
beim Eingange in das Dürkheimer Thal, gegen Osten,
die Ebene — es ist sicher einer der schönsten Punkte
Dürkheims, dieser luftige Luginsland. Da nun durch
den Neubau des Thurmes auch das Innere der Kirche
stark beschädigt wurde, so wurde dieses in einfacher
schlichter Weise wieder hergestellt.

An der Südseite der Kirche, da wo der Haupteingang ist, war durch die im 16. Jahrhundert geschehene
Reparatur der Kirche, ein unschönes Verhältniß der Thürme
und Fenster herbeigeführt worden. Die Thüre wurde
deßhalb verlegt und im gothischen Style wieder hergestellt, so daß das Aeußere nun einen einheitlichen Anblick darbietet. Auf der Nordseite ist leider noch ein
Fenster geblieben, als Zeuge der Geschmacklosigkeit des

Jahrhunderts, das es eingesetzt. Ueber dem früheren Hauptportale befand sich eine Relief=Darstellung der Auferstehung. Jesus in der Mitte sitzend zur rechten Johannes der Täufer knieend, zur linken eine unkenntliche Figur, zu Füßen Jesu ein Grab, von dem ein Engel den Stein hinweghob, und in dem eine menschliche Figur liegt, zur rechten und linken dieses Grabes zwei geschlossene Gräber, in die man von der Seite hineinblicken kann. In dem rechten liegt eine Gestalt auf dem Rücken, in dem linken eine auf dem Leibe.

Das Ganze steht jetzt in der Kirche, vom Thurmeingange links unter der Treppe. Leider hat es schon durch die Zeit und wohl auch früher durch Rohheit oder Unwissenheit viel gelitten.

Ein Kapitäl, das ebenfalls vom Haupteingange weggenommen wurde und bei der obenangeführten Arbeit steht, läßt uns ermessen, wie schön die Kirche in ihrer ersten Gestalt ausgeführt war. An der Südseite der Kirche angebaut ist die Familiengruft der Leininger, von dem Seitenschiffe der Kirche durch ein großes eisernes Thor getrennt. Sie wurde gleichzeitig mit der Kirche erbaut, aber erst 1507 eingeweiht und in Gebrauch genommen. — Die Ostseite der Kapelle wird ganz eingenommen von dem großen in Gyps und Stein gearbeiteten Grabmale Emich XI. dem Jüngern und dessen Gemahlin Maria Elisabetha. Auf den Aesten einer Eiche ruhen 4 Postamente als Grundlage für 4 Säulen, um die sich die Aeste der Eiche, regelmäßig angebrachte Wappenschilde tragend, schlingen. Gekrönt sind die Säulen mit Kapitälern, deren vordere Seite einen Frauenkopf darstellt. Die 4 Säulen theilen das Denkmal in 3 Felder und begrenzen diese. Das mittlere große Feld zeigt in Relief=Arbeit das Schloß Hardenburg, wie es damals war, im entfernten Hintergrunde.

Im Vordergrunde kniet das Ehepaar, dem zu Ehren das Denkmal errichtet ist, vor einem Crucifixe. Die Statuen sollen portraittreu dargestellt sein, und bieten dem Kulturhistoriker hinreichend Stoff für Costüm=Studien. Die beiden Seitenfelder sind mit zwei allegorischen Frauengestalten ausgefüllt. Auf den beiden Säulen zur linken des Beschauers prangt das gräflich Leining'sche auf der andern Seite das churpfälzische Wappen. In der Mitte über diesen ist ein Medaillon, von circa 4 Fuß Durchmesser, das Weltgericht darstellend, angebracht und über diesem steht auf einem besondern Schilde, in welchem sich alles gipfelt, das Wort „Jehovah" — in hebräischen Lettern geschrieben. Zu Füßen des Denkmals sind die Inschriften angebracht. Das ganze soll die Arbeit eines Italieners sein. — Außerdem sind in der Gruft nachfolgende Steine:

1. Der Gräfin Agnes, Gemahlin des Grafen Emich VIII. gestorben 1533.
2. der ihres Gemahls Emich VIII. der im Jahr 1535 starb.
3. der seines Sohnes, Christoph, gestorben 1540.
4. der Emich IX. gestorben 1541.
5. der Stein des im Jahr 1593 verstorbenen Stifters der Leininger=Falkenburger=Linie, Emich X. und endlich
6. seiner im Jahre 1595 gestorbenen Gemahlin von Falkenstein.

Ferner liegt noch in der Kapelle ein Taufstein, den Graf Emich IX. im Jahre 1537 stiftete und ein Grabstein, der wahrscheinlich an der Kirche oder auf dem früher sie umgebenden Kirchhofe stand, auf dem zwei gefallene Ritter, ein alter und ein junger dargestellt sind. Die zwei hölzernen Grabmäler, die jetzt noch in der Kapelle stehen, gehören zwei Dürkheimer

Abligen und wurden jedenfalls erst beim Eingehen des Kirchhofs hierhergestellt.*) —

Im Thurme ist noch die sehr schön von Mannhardt in München gearbeitete Uhr sehenswerth.

Auf der Nordseite der Kirche steht das Spital, früher das Gebäude der Lateinschule.

2. Die Burgkirche

nebst dem III. protest. Pfarrhause, auf dem Platze der früheren Burg der Leininger erbaut. Im Jahre 1725 wurde durch den Markgrafen Karl von Baden-Durlach, Vormund über den minderjährigen Grafen Friedrich Magnus von Leiningen allen Protestanten, welcher Confeſſion ſie waren, freie und ungeſtörte Ausübung ihres Glaubens in leining'ſchen Landen zugeſtanden.

Der kleinen und armen reformirten Gemeinde in Dürkheim, die zum Theil aus Emigranten, zum Theile aus von den Fürsten herbeigerufenen Gewerbsleuten bestand, wurde noch überdies der Bezirk der durch Churpfalz zerstörten gräfl. leining'ſchen Burg geſchenkt, und da ſie in einer in ganz Deutſchland angeſtellten Sammlung ſehr reich bedacht wurde, ſo konnte ſie am 1. Auguſt 1726 den Grundſtein zur Kirche legen, die im Oktober 1729 vollendet war. Im Jahre 1756 wurde der Thurm angebaut, der in den 30er Jahren dieſes Jahrhunderts zu ſeiner jetzigen Höhe gebracht wurde. Die Kirche iſt ſehr geräumig, aber in verwahrloſtem Zuſtande, ſie wartet ihrer Renovation.

*) Den Schlüſſel zur Kirche, zum Thurm und der Gruftkapelle hat der Kirchendiener Biron, der in dem am Thurme vorüberführenden Kirchgäßchen im zweiten Hauſe links wohnt, und gerne bereit iſt, gegen eine kleine Vergütung — 6 Kreuzer — zu öffnen.

3. Die katholische Ludwigskirche.

Gerade am Eingange zum Curgarten aus der alten Mannheimer Straße.

Sehr freundlich und schön gelegen. Sie ist erst erbaut im Jahre 1828, da früher die Katholiken nach Pfäffingen in die Kirche gingen. Das katholische Pfarrhaus ist nahe dabei. Gerade bei der kath. Kirche steht auch

4. das Stadthaus,

ein großes und geräumiges Gebäude. Es ist erbaut auf den Ruinen des durch die Franzosen in den Revolutionsjahren zerstörten fürstlichen Schlosses. Der heutige Curgarten mit den nach Osten und Süden angrenzenden Gärten war der nach alter Beschreibung prachtvoll angelegte und mit werthvollen Statuen gezierte Schloßgarten. Das jetzt Dr. Herberger'sche Haus war früher das Theater, das Haus des Gastwirths Müller die Caserne, und das Café Puder die Schloßküche.

Das Stadthaus ist erbaut in den Jahren 1822 bis 1823. In seinen Räumlichkeiten sind untergebracht:

Beim Eingange von der Westseite (vom Schloßplatze), zur rechten die Polizeiwache, zur linken das Bureau des Polizeicommissärs. Die Zimmer, die in die beiden nach rechts und links führenden Gänge münden, sind Schulzimmer für die Volksschule. Die Treppe beim nördlichen Eingange führt in einen Gang, auf dessen linker Seite die Räumlichkeiten des kgl. Landgerichts, zur rechten die der höhern Töchterschule sich befinden. Die Treppe am südlichen Eingange führt zu den Zimmern der Bürgermeisterei, und zu den mit größter Liberalität von der Stadt für die Pollichia eingeräumten Localitäten. Ueber dem Haupteingang befindet sich ein schöner Saal.

Die Keller unter dem Stadthause sind an Weinhändler vermiethet.

5. Friedhof.

Auf demselben, der schön gelegen und freundlich an-angelegt ist, befindet sich die St. Salvator-Kapelle. Im Jahre 1582, als der Kirchhof von der Schloßkirche weg und hierher verlegt wurde, wurde auch die St. Sal-vator-Kapelle auf demselben erbaut. Bei der Einäscher-ung der Stadt im Jahre 1689 durch die Franzosen, wurde auch diese Kapelle ein Raub der Flammen, aber nach eingetretener Ruhe wieder hergestellt. Da sie jedoch bald zu klein war, so war man genöthigt, mittelst Collekten, die bei den evangelischen Einwohnern erhoben wurden und sonstigen milden Beiträgen der evangel. Gemeinde dieselbe zu erweitern, was laut der Ueberschrift über der Eingangspforte im Jahre 1727 geschah. Die Capelle gehört ausschließlich den Protestanten, während der Kirch-hof und das auf demselben errichtete Leichenhaus der Civilgemeinde gehört und von Protestanten und Katho-liken gleichmäßig benützt wird.

Die Kapelle war früher im Innern schön einge-richtet, da sie aber in den Revolutionsstürmen vorigen Jahrhunderts bald als Aufenthalt für Kriegsgefangene, bald als Lazareth benützt wurde, ging alles in Trüm-mer. Jetzt wird sie nur noch benützt, wenn schlechtes Wetter bei der Beerdigung eines Protestanten es un-möglich macht, die Leichenrede im Freien zu halten.

Lehranstalten:
1. Volksschulen.

Die Protestanten haben 8, nach Alter und Geschlecht getrennte Schulen, die Katholiken 2 nach Alter getrennte Schulen, und die Israeliten sind in einer Schule vereinigt. Da die Lehrer dieser Schulen auch in der Regel Privatunterricht ertheilen, so findet sich für Familien, die hier verweilen, mehrfache Gelegenheit ihren Kindern Musik= 2c. Unterricht ertheilen zu lassen.

Das Lokal der Volksschule befindet sich, wie oben angeführt, in dem Stadthause.

2. Die höhere Töchterschule,

an welcher ein Lehrer und eine Lehrerin angestellt sind und an der außerdem 5 Fachlehrer Unterricht ertheilen.

3. Die Lateinschule.

Das Gebäude derselben befindet sich zunächst beim Bahnhof; beim Austritt aus diesem fällt der Blick unmittelbar darauf.

Die Gründung der Anstalt fällt in den Anfang des 17. Jahrhunderts. Emich XI., der Jüngere, dessen Denkmal die Gruftkapelle in der Schloßkirche schmückt, war ein Herr von hohen Gesinnungen und ihm verdankt Dürkheim seine Lateinschule, die er mit trefflichen Lehrern besetzte, und dem Geiste seiner Zeit gemäß in engsten Verband mit der Kirche brachte. Die Stiftung ist aus eigenem Antriebe und aus eigenen Mitteln vom Grafen ausgeführt und ihr Fortbestehen war durch Güter und Gefälle, die er aus seinem Vermögen ihr stiftete, gesichert. Die Vollendung des von ihm für diese Anstalt bestimmten Hauses erlebte er nicht, da er 1606 starb und das Haus erst 1607 vollendet wurde. Es ist das, wie an anderm Orte schon bemerkt, hinter der Schloßkirche stehende jetzige Spital.

Als 1689 Dürkheim verbrannt wurde, kam auch diese Schule außer Gang; im Anfange des 18. Jahrhunderts aber wurde sie durch den Grafen Johann Friedrich wieder in's Leben gerufen. Er stellte einen Rector und Conrector nebst zwei Lehrern an.

Der Conrector war gleichzeitig Prediger in der Schloßkirche. Die französische Revolution beraubte die Anstalt
ihrer meisten Einkünfte, und sicher wäre sie ganz zu
Grunde gegangen, wenn nicht die Energie und Opferwilligkeit des damaligen Pfarrers Braun sie gehalten
und gerettet hätte.

Mit ihm zugleich wirkten die Lehrer Müller und
Glock. Nachdem die Anstalt von 1817—1821 ganz
geschlossen war, wurde sie im letzteren Jahre wieder er-
öffnet und zwar mit nur einem Lehrer.

1823 erhielt dieser einen Collegen, und jetzt wirken
an dieser Schule 1 Subrector, 3 Studienlehrer und 5
Fachlehrer.

4. Die Handelsschule von Abr. Weil

in der Wiesengasse gelegen. An derselben wirken außer
dem Vorstande und seinem Sohne noch 4 Fachlehrer. —
Außerdem ist durch mehrere Sprachlehrer und Sprach-
lehrerinnen Gelegenheit zur Weiterbildung im Französischen und Englischen geboten.

Wohlthätigkeitsanstalten.

In früheren Jahrhunderten besaß Dürkheim viele
reiche und wohlthätige Stiftungen, an welche die heutige
Generation nur erinnert wird durch einige Namen, die
den Orten, an denen früher diese Stiftungen sich befanden, geblieben sind, z. B. Gutleute-Haus, Gutleute-
straße 2c.

Am reichsten war das Spital bedacht, dessen Ein-
kommen aber auch spurlos verschwunden ist. Eine Stiftung rettete sich aus dem Alles verschlingenden Strudel
des vorigen Jahrhunderts — die Ostertag'sche. Valentin Ostertag, ein geborner Dürkheimer, war der Sohn

armer Eltern und soll in seiner Jugend Gänse gehütet
haben. Ich sage: er soll, weil der Volksmund vielen
aus niederem Stande zu hohen Ehren emporgekommenen
Männern das Attribut der Gänsehüterei beilegte. Ich
erinnere nur an den Cardinal=Erzbischof Geißel, dem
dasselbe nacherzählt wird.

Das musterhafte Betragen Ostertags, sein offener Kopf
erwarben ihm Gönner, die ihm unter die Arme griffen
und das Studium der Jurisprudenz ermöglichten. Es
ist nun von seinen weiteren Schicksalen nur bekannt, daß
er als kaiserlicher Reichsfiskal, als hochgeachteter Mann
in Wien starb. Von ihm und seiner Frau, die sich
später noch zweimal verehelichte, rührt aus den
Jahren 1509 bis 1529 eine Stiftung von 2000 fl.
her. Von den Zinsen derselben sollten laut Stif=
tungsurkunde 1) Kranke und wirklich bedürftige Fa=
milien in Dürkheim unterstützt, 2) an arme Studirende
ein Stipendium von 120 fl. auf drei Jahre ertheilt,
3) drei würdige Brautpaare mit je 60 fl. ausgesteuert
werden. Die beiden ersten Bestimmungen werden jetzt
noch eingehalten, die letztere kam in Vergessenheit, da sich
seit mehreren Jahren kein Brautpaar mehr meldete. Es
ist dies gewiß sehr zu bedauern.

Im Laufe der Zeit wurde die Ostertag'sche Stif=
tung durch Gaben anderer Menschenfreunde erweitert, so
daß ihr Kapital jetzt ca. 30,000 fl. beträgt. Verwaltet
wird dasselbe durch 6 protestantische Bürger hiesiger
Stadt, weßhalb die Stiftung auch das „Sechser=Almosen"
genannt wird. Um dieser Stiftung willen wird nun
der Veltens= oder Valentinstag (14. Febr.) jähr=
lich gefeiert. Leider läßt die Stadt Dürkheim diese Ge=
legenheit vorübergehen, ohne aus dem Gedächtnißtage
eines Ehrenmannes, der noch jetzt segensreich für die
Stadt wirkt, ein wahres Volksfest zu machen.

2*

Der an diesem Tage in der Schloßkirche abgehaltene Gottesdienst ist außer von dem Collegium der „Sechser" und der Schuljugend nur immer spärlich besucht, und doch wäre die Betrachtung über Bürgertugend und Gemeinsinn, die durch die Bedeutung des Tages nahe gelegt ist, sehr ergiebig.

So beschränkt sich die Feier auf den Umzug der Jugend, die unter Führung ihrer Lehrer vom Schloßplatze aus durch die ganze Stadt in die Kirche ziehen. Nach der Kirche wird das Almosen ausgetheilt, und die Kinder bekommen ihre Wecke. Bei ihnen wenigstens bleibt das Andenken Ostertags im Segen.

Wenn in Dürkheim je einmal ein Platz mit einer Statue oder Büste geschmückt werden soll, so hat Valentin Ostertag gewiß ein vollgültiges Anrecht darauf, daß sein Andenken geehrt werde.

Ferner besteht in hiesiger Stadt das **Maximilians-Rettungs-** und **Waisenhaus,** dessen Lokal das früher Dursy'sche Haus in der Wachenheimer Straße ist. Es ist durch den St. Johannes-Verein, der durch den verstorbenen König Maximilian gebildet wurde, gegründet, und ist Lieblings-Pflegekind der Dürkheimer, die es mit zahlreichen Gaben bedenken. Die Einrichtung des Hauses, seine Freundlichkeit, ist sehenswerth.

Den Fremden ist es wohl auch erwünscht, **die geselligen Vereine** kennen zu lernen, die hier bestehen. Wir nennen darum:

1. Die **Lesegesellschaft,** Lokal derselben bei Herrn Daniel Schick. Schöne Bibliothek, reichhaltiges Lesezimmer; täglich Gesellschaft, Fremde können eingeführt werden. Man wende sich an den Vorstand, dermalen H. Subrektor Spannagel.

2. Die Harmonie. Lokal: Bierwirthschaft von Wtwe. Heußer. Bibliothek. Gesellschaft, Vorstand H. Bh. Lang.

Ferner bestehen hier unter der Leitung von Lehrren der Volksschule mehrere Gesangvereine.

Ein Schützenverein, der einen schönen Schieß-stand bei Seebach hat, gestattet Fremden, die sich bei ihm melden, ebenfalls Eintritt.

Der naturwissenschaftliche Verein

Pollichia

hat hier ebenfalls seinen Sitz. Zweck des Vereins ist einestheils Erforschung der Pfalz in naturwissenschaft-licher Beziehung und anderntheils Belehrung durch auf-gestellte Sammlungen, durch Vorträge und Druckschriften.

Seinen Namen verdankt der Verein dem pfälzischen Naturforscher J. A. Pollich, der zu Ende des vori-gen Jahrhunderts in Kaiserslautern lebte, und als Bo-taniker sich besonders um die pfälzische Flora große Verdienste erworben..

Der seitherige Vorstand des Vereins Dr. Schultz in Deidesheim ist im Jahre 1867 gestorben, und damit dem Vereine ein unersetzlicher Verlust entstanden. Denn seiner Thätigkeit verdankt der Verein die Verbin-dung mit einer bedeutenden Anzahl ähnlicher Vereine und zählt seine Ehrenmitglieder in fast allen Ländern der Erde.

Die Sammlung ist in dem zweiten Stocke des Stadt-hauses, in drei großen Zimmern aufgestellt. Sehenswerth.*)

*) Man wende sich entweder an eines der hiesigen Vor-standsmitglieder, die Herren Subrektor Spannagel, Kaufmann Haffner, Studienlehrer Rusch und Dr. Schepp, oder an den Stadthausdiener Lauber, dessen Zimmer sich im zweiten Stocke gerade an der Treppe, die am südlichen Eingange hinaufführt, befindet und der aufzuschließen berechtigt ist. Trinkgeld nach Belieben.

Es befindet sich hier auch eine meterologische Station, deren Vorstand der Lehrer der höheren Töchterschule, Herr Rühl ist.

Geschichtliches von Dürkheim.

Es ist bis jetzt noch nicht gelungen, über die nächste Veranlassung zur Gründung Dürkheims, sowie über die Zeit seiner Gründung und die Gründer selbst urkundlich sichere Nachrichten zu erhalten. Der jetzige Namen der Stadt kommt zum erstenmale in einer Urkunde aus dem Jahre 946 vor, als der Name eines Dorfes, das an der Stelle der heutigen Stadt gelegen haben muß. Es wird dieses Dorf als das Eigenthum der rheinfränkischen Herzoge genannt, die ihren Herrschersitz auf der Limburg hatten. Die Schreibart des Namens, wie sie sich noch in Lehensreversen findet, die den Grafen von Leiningen von deutschen Kaisern über das Hoheitsrecht des Geleites, ausgestellt wurden, veranlaßt nur Muthmaßungen über die Gründung Dürkheim's. Bald heißt der Ort „Dorinkeim", bald „Thüringenheim", und da derselbe Name in Rheindürkheim und Dorndürkheim wiederkehrt, so gewinnt die Annahme, daß diese Orte Niederlassungen entweder der von Theodorich dem Großen (528) oder von Karl dem Großen (771—814) besiegten und aus ihrem Vaterlande hinweggeführten sächsischen Thüringer seien, einige Wahrscheinlichkeit. — Daß übrigens die Gegend in der das jetzige Dürkheim liegt, schon frühe, im Dunkel einer Zeit, in die nur spärliche Strahlen einer bewußten Geschichtschreibung fallen, der Tummelplatz verschiedener Völkerschaften war, dafür findet sich gar manches Zeugniß.

Das älteste Denkmal, das der Gegend von ihren früheren Bewohnern zurück gelassen wurde, ist ohne

Zweifel die sogenannte Ringmauer oder Heiden=
mauer, die auf keltische Bewohner der Gegend
schließen läßt, von der später geredet wird. —

Der Name der Straße, die Dürkheim von Westen
nach Osten durchzieht, „die Römerstraße", erhält das
Andenken aufrecht an die Zeit der Römer, die hier
schon sehr frühe festen Fuß gefaßt haben müssen.

Zur Zeit, da Cäsar von Gallien aus Deutschland
kennen lernte, war unsere Gegend nach seinen Berichten
von Nemetern, Tribockern und Vangionen bewohnt.
Aber nicht nur der Name „Römerstraße" erinnert an
den Aufenthalt der Römer, es wurden bei verschiedenen
Gelegenheiten römische Münzen und andere Gegenstände
ausgegraben, die es unwiderleglich darthun, daß die
Römer Standsitze hier genommen hatten. Bei Pfäffingen,
und von da bis nach Kallstadt fand man dergleichen.
Die hauptsächlichsten Funde aber wurden bei Eller=
stadt (siehe dort selbst) und zwischen Ellerstadt und
Maxdorf gethan. Und erst vor wenigen Jahren haben
Bauten an der Dürkheim=Neustadter Eisenbahn, ganz
in der Nähe von Dürkheim römische Denkmale zu Tage
gefördert, die jetzt in Speyer in dem Museum aufbe=
wahrt werden. Aus der Zusammenstellung der Fund=
orte läßt sich mit Sicherheit erkennen, daß die große
Heeresstraße der Römer die aus Helvetien und Süd=
gallien heraus links des Rheins und längs des Haardt=
gebirges sich hinziehend, nach Worms, Mainz und den
niederrheinischen Colonien führte, bei Dürkheim gekreuzt
wurde von den von Speyer und Altripp kommenden
Straßen, die dann alle zusammen ihre Fortsetzung
fanden in der das Dürkheimer Thal durchziehenden
Heeresstraße die das Rheinthal mit Ostgallien verband.
Somit war bei Dürkheim ein wichtiger Knotenpunkt für
den römischen Verkehr mit den germanischen Völkern.

Ob aber auch der Vigilienthurm, an dessen Stelle jetzt ein Wingertshaus des Herrn Zumstein steht, wirklich ein römischer Wachtthurm war, kann mit Bestimmtheit nicht mehr nachgewiesen werden.

Die Völkerwanderung hat mit rauher Hand die Spuren jener Zeit verwischt und den Einfluß römischer Bildung und Kunst auf die Völker des Rheinlandes vernichtet, sowie sie größtentheils ihre Denkmale in Schutt begraben hat. Nachdem ihre Wogen verlaufen waren, finden wir ein neues Volk in unseren Gauen, das nur mühsam sich zu einer Bildung emporarbeitete, wie sie zur Zeit der Römer schon den früheren Bewohnern eigen war. In jener Zeit rauher Urkraft erwächst in deutschen Landen jener wunderbare, riesengroß in die Jahrhunderte hineinragende Sagenbaum, der seine Wurzeln nach allen Richtungen unseres Vaterlandes, nach Nord und Süd, nach Ost und West ausdehnt, den die Stürme der Völkerwanderung, nicht entwurzeln noch entblättern konnten und der in dem unsterblichen Nibelungenliede seine den ganzen deutschen Dichterwald überragende Krone bildet. — Im Burgunderlande auf der alten Königsburg zu Worms am Rhein erblühte in Krimhilde, der Königstochter, die lieblichste Blume, während in Xanten am Niederrheine der jugendfrische, starke Eichbaum erwuchs, den die Sage Siegfried nennt. Von heißer Sehnsucht getrieben zieht der „frischeste, der freudigste und herrlichste der Heldenjünglinge seiner Zeit aus, um zu Worms zu werben um die schönste, anmuthigste und züchtigste Jungfrau die in allen Landen zu finden war." Sie fanden sich zu kurzer Freud und Wonne, zu rascher Trennung und unsäglichem Leide der zurückbleibenden Krimhilde.

Brunhilde, die Königin, gesessen jenseits der See, „herrlich in wunderbarer Schönheit, aber auch herrlich in wunderbarer Kraft", die Siegfried dem Bruder seiner Krimhilde, dem Gunther gewinnt im starken Streite, Brunhilde ist die Zerstörerin des jungen Glückes, der grimme Hagen von Dronei das Werkzeug ihrer Rache: Wer kennt sie nicht „der Nibelungen Not", die jetzt anhebt und ein ganzes Geschlecht dem blutigen Ende zuführt? — Der Brunholdisstuhl, der Drachenfels, das nahe, von so vielen Punkten aus sichtbare Worms, erinnern uns an Siegfrieds Heldenstärke, seine beglückte Liebe und an die Zerstörerin des jungen Glückes, an Brunhild. —

Karl der Große vereinigt das vielstämmige germanische Volk zu einem Ganzen, und die schon erwähnte Urkunde aus 946 führt unser Dürkheim als das Eigenthum der rheinfränkischen Herzoge an. In dieser Urkunde macht Konrad, Herzog zu Schwaben dem Bischofe Reginbald von Speyer viele reiche Schenkungen, bedingt sich aber die Besitzungen der bischöflichen Vasallen Robin und Widegam zu Dürkheim, nebst 11 Huben der dortigen Kirche mit Ausnahme des Zehnten, welcher daselbst den genannten Brüdern verbleiben sollte, nebst einer Mühle und drei Huben Landes zu Erpolzheim (siehe dort) als Eigenthum aus.

Aus der nun folgenden Zeit sind wieder nur spärliche urkundliche Nachrichten vorhanden. 1035 schenkte Kaiser Konrad II., der an die Stelle der fränkischen Königsburg, das Kloster Limburg erbaute, den Benediktinern daselbst das Dorf Dürkheim zum Eigenthum. Die Rechtsverhältnisse zwischen Dürkheim und dem Kloster Limburg sind in der sogenannten „Rottel" festgesetzt. Beim Lesen dieses äußerst interessanten Aktenstückes, lernen wir es begreifen, warum es Leute gibt, die sich so sehr „die gute alte Zeit" mit ihrer frommen Gutwilligkeit zurückwünschen, begreifen es aber auch, warum es noch mehr Leute gibt, die Gott dafür danken, daß das Beffere, der Feind des Guten, über jene gute Zeit gesiegt und sie zu Grabe getragen hat. Der Merkwürdigkeit halber wollen wir nur einige Bestimmungen der Rottel hier aufführen. Jeder Mann von den Hörigen mußte jährlich einen Schilling, jedes Weib einen Heller dem Abte zahlen und beide wöchentlich einen Tag für ihn fröhnen. Die ledigen Kinder der „Gottesleute" durfte der Abt zu seinen Diensten nach Belieben verwenden. Die verheiratheten waren seine Zollerheber, Fruchtauf= seher, Kellner, Förster 2c. Starb der Mann, so erhielt das Kloster das „Besthaupt", das heißt sein schönstes Stück Vieh. Starb die Frau, ihr schönstes Kleid. Wie viel das Leben eines Leibeigenen galt, wird uns durch die Bestimmung klar, daß, wer einen Leibeigenen gleich= viel ob Mann oder Frau tödtete $7\frac{1}{2}$ Pfund Heller Strafe zahlen mußte. Damit ja kein Böglein ungerupft entfliege, so mußte auch eine Frau, die sich außerhalb des Dorfes verheirathete, 6 Heller Schatzung entrichten.

So lebten die Leute Gott und dem Abte, zu sich selbst kamen sie nicht. Es muß die Erbitterung über solche Zustände, in die das freiheitliebende Volk der Germanen durch die damalige Gestaltung der staatlichen und kirchlichen Verhältniffe gebracht wurde, sich tief in das Herz des Volkes eingegraben haben, denn bis auf den heutigen Tag hat sich in Volksmunde die Tradition von jener Zeit erhalten, oft aber macht sich in der Sicherheit der jetzigen Zustände die Erbitterung über die früheren in beißendem Spotte Luft. —

Der Besitz Dürkheims bleibt der Abtei Limburg un= bestritten bis zum Jahre 1200. In diesem Jahre kam Kaiser Philipp von Schwaben nach Speyer und ertheilte dem Gaugrafen F r i e d r i ch I. v o n L e i n i n g e n den Auftrag, den Vorstand und Convent der Abtei Limburg

gegen Männiglichen vor jeder Beeinträchtigung zu
schützen, und gab ihm dafür Dürkheim zu Lehen. Von
nun an sind die Geschicke Dürkheims an jenes gräfliche
Haus gebunden und der kriegerische, unruhige Geist der
Grafen jenes Geschlechtes, die aus Schirmherrn der
Abtei Limburg sich zu ihren Unterdrückern, aus Lehens=
besitzern in Dürkheim sich allmählich zu selbstständigen
Herren aufwarfen, und die in **Churpfalz** einen ebenfalls
allzeit kampfbereiten Nachbar hatten, führte über Dürk=
heim schwere Zeiten herauf. Dabei darf es aber aller=
dings nicht verschwiegen bleiben, daß in ruhigen Zeiten
einzelne Grafen von Leiningen Alles thaten, was ihnen
nach den Anschauungen ihrer Zeit und ihrem Vermögen
zu thun möglich war, um das Wohl Dürkheims in
materieller und geistiger Beziehung zu fördern. —

Der erste Schritt zur Unterdrückung der Abtei Lim=
burg wurde von dem Grafen **Friedrich** II. gethan,
indem er noch im ersten Zehntel des 13ten Jahrhun=
derts, ungeachtet aller Proteste des Abtes, die Burg
Hartenburg auf dem Grund und Boden der Abtei
anlegte. Nach Friedrich II. Tode nahm der Bischof
Conrad V., ein Graf von Eberstein und Oheim der
jungen Grafen Friedrich III. und Emich IV. zwi=
schen diesen die Gütervertheilung, die erste im
Leiningenschen Hause, vor, und dabei kam (1237)
Dürkheim und Hartenburg nebst noch andern Orten an
Friedrich III., der nach dem Tode Simons, als der
ältere die Landgrafschaft im Rheingau und die eigentliche
Grafschaft Leiningen mit allen Rechten erhielt.

Er residirte in Altleiningen. Bei Gelegenheit eines
Friedensschlusses zwischen den Brüdern Friedrich IV.
dem Jungen und Friedrich dem Alten, früher Domprobst
in Worms, erfahren wir, daß im Jahre 1360 eine von
den beiden Grafen erbaute Burg und ein Schloß in

dem „zur Stadt erhobenen" Dürkheim sich befindet. — In Dürkheim stellten die Leininger nun Burgmänner an, und festigten durch diese immer mehr ihre Herrschaft. Schon im Jahre 1293 wird ein Ritter von Dürkheim als Leining'scher Vasall angeführt. Das Geschlecht dieser Alheime oder Eckebrechte von Dürkheim besteht heute noch und zwar, wenn wir nicht irren, in Oesterreich. Sie führen dasselbe Wappen, wie die Stadt Dürkheim, zwei schwarze Haften im silbernen Felde. — Da aber die Burg nebst allen Gefällen nur als Witthum benützt wurde, so trug ihr Bestehen nicht sonderlich zur Hebung Dürkheims bei, erwies sich vielmehr als ein Danaer-Geschenk der schlimm= sten Art, wie wir später sehen werden. Aus dieser Zeit stammt sonach die Befestigung, deren Spuren un dem Graben, der sich an der Rückseite des III. prote= stantischen Pfarrhauses und der Burgkirche hinzieht und dessen Fortsetzung in den Gärten an der Eisenbahn=Straße bis hinab zur Schick'schen Restauration wieder zu finden ist. In der Nähe das alte Mannheimer Thor.

Ein Kampf mit dem Grafen von Zweibrücken fiel unglücklich für die Brüder aus, und die Summe, die sie zahlen mußten, nöthigte sie, einige ihrer Güter zu veräußern, andere zu versetzen. Das Letztere scheint mit einigen Rechten in Dürkheim geschehen sein, denn im Jahre 1368 löste mit ihrer Erlaubniß ihr Ver= wandter Emich V. das, was sie von Dürkheim versetzt hatten, ein, unter der Bedingung, daß er es ihnen oder ihren Nachkommen gegen den Loskaufspreis wieder zurück= geben müsse.

Im Jahre 1339 wird eines Streites zwischen der Gemeinde Dürkheim und dem Abte von Limburg er= wähnt. Es handelte sich um die Frage, ob der Abt berechtigt sei, einen Büttel in Dürkheim zu halten. Auf Graf Gottfrieds Vermittelung wurde der Streit zu

Gunsten des Abtes entschieden. Haben solche Einzelheiten auch an und für sich keinen historischen Werth,
so erhält man doch, sobald man sie zusammenhält, ein
einigermaßen erkennbares Bild von den Rechtszuständen
jener Zeit, unter denen auch die Dürkheimer schwer zu
leiden hatten. Man lernt das, was unsere Zeit errungen
hat und besitzt, man lernt unsere staatlichen Verhältnisse
erst dann recht würdigen, und man wird sich erst dann
dankbar ihrer freuen, wenn man sie mit jenen traurigen
Verhältnissen vergleicht. So wußte man in Dürkheim nie, wer Koch und wer Kellner ist. Denn wenn
sich die Leininger auch gegen Oben hin emanzipirt und
in Dürkheim eine selbstständige Herrschaft gegründet hatten,
so ging durch Verpfändung und Theilung, durch Ver-
trag und Verkauf alle Augenblicke die Berechtigung an
Andere über, daraus entspann sich eine unlösliche Ver-
wicklung der Rechtsverhältnisse und endlose Streitigkeiten. —

Wie schon angedeutet, trug die Gründung einer
Burg in Dürkheim und seine Erhebung zur festen Stadt
den Dürkheimern keine guten Früchte. — Emich V.
hatte den rheinischen Städten Mainz, Worms, Oppenheim und Speyer vielfach gegen das Raubgesindel, das
ihrem Handel und dem Eigenthum ihrer Bürger großen
Schaden zufügte, beigestanden. Dadurch hatte er sich
die Ritter vom Steigbügel zu entschiedenen Feinden gemacht, und einer von ihnen, Namens Deichmann befehdete ihn 1375 der Art, daß er die Hilfe der ihm
verbündeten Städte anrufen mußte, die ihm aber unbe-
greiflicher Weise verweigert wurde. Aufgebracht über
so schnöden Undank, bedrohte und befehdete er die
Städte und besiegte den von ihnen aufgestellten Haupt-
mann, den Schultheißen von Oppenheim und zerstörte
die Burg oberhalb Oppenheim. Darauf schickten die 4

Reichsstädte ihren Absagebrief nach Dürkheim, nahmen Edle in ihre Dienste und eröffneten einen förmlichen Krieg gegen den Leininger, der über ein Jahr dauerte. Doch stand auch der Graf nicht allein. In jener rauflustigen Zeit fand er leicht eine Anzahl Ritter und Knechte, die gerne an seiner Seite fochten, um den Städtern „ankommen" zu können. In diesem Kriege wurde, wie das ganze Leininger Land hart bedrängt wurde, so Dürkheim belagert und erstürmt. Zuletzt aber wurden die Städte besiegt und mußten Entschädigungskosten zahlen.

Emich VI., der zu Zeiten des Kaisers Wenzel lebte, scheint sich ausnahmsweise den Schutz der Abtei Limburg haben angelegen sein lassen, denn ihm gibt der Abt Peter von Limburg 1387 zur Aufbesserung seines Lehens die Salzbrunnen auf dem Brühel zu Dürkheim. —

Es ist das die erste Kunde davon, daß Salzbrunnen schon zu damaliger Zeit ein Erträgniß müssen geliefert haben.

Es tritt nun eine Zeit der Ruhe und Erholung für Dürkheim ein, während welcher es an Wohlstand zunimmt und bald erwirbt es sich den Ruf der stärksten Veste an der Haardt. Es ist nun mit Hardenburg zugleich Residenz des Grafen von Leiningen. Ehe wir nun von weiteren Ereignissen berichten, die für Dürkheim verhängnißvoll wurden, wollen wir an diesem Orte einer Urkunde erwähnen, die uns einen klaren Blick in die Rechtsverhältnisse der Zeit thun läßt. Wir geben sie nach einem Auszuge, den Dr. Epp gemacht hat:

Die beiden älteren Gerichtsordnungen hießen das Martinsweisthum, (weil es am Abend des St. Martinstags öffentlich verlesen zu werden pflegte, und

das der drei ungebotenen Dinge (festgesetzten Ge-
richtstage). Beide scheinen noch von den fränkisch salischen Herrschern den Bewohnern Dürkheims verliehen
worden zu sein.

Auf St. Martinsabend, wenn der Schultheiß das
dritte Zeichen mit der Glocke gegeben hat, soll sich die
ganze Gemeinde, welche Wald, Wasser und Weide ge-
nießt und gebraucht, auf dem obern Markte (dem heutigen Gemüsemarkt) versammeln und dem Abt von Limburg seine Gerechtsame und Freiheiten sprechen helfen.
Dann sitzt der Abt und sein Schultheiß nieder, und
letzterer fragt: was für Recht und Freiheit der Abt in
Dürkheim hab:? worauf die Gemeinde antwortet: er
habe alle Aemter zu besetzen, besonders einen Schultheißen,
einen Büttel und einen Mitterer (Getreidemesser.) Der
Schultheiß fragt weiter nach den Rechten des Abtes,
worauf die Gemeinde spricht: er sei der oberste Herr zu
Dürkheim von des heiligen Kreuzes wegen über Wald,
Wasser und Weide, welche die Mitglieder der Gemeinde
von des heiligen Kreuzes wegen genießen, und dafür
müsse jedes Haus, das Stauch hält, dem Abt jährlich
ein Holzhuhn liefern.

Der Abt sei in Dürkheim Herr über Stock und
Stein; er dürfe die Ueberbäume abschaffen; er habe über
Korn-, Wein- und Oelmaß zu gebieten, ebenso über Ge-
wicht und Elle. Er sei Herr über den hohen Wald,
wenn Eckern darin sind, soll er mit einem besondern
Hirten vorfahren und die von Dürkheim mit ihrem ge-
meinen Hirten nachfahren. Würden sich aber mehr
Eckern vorfinden, als beide Theile bedürfen, so solle sie
der Abt verkaufen; er solle die Einnungen mit den von
Dürkheim in den Heympten (einem Walddistricte) brechen.
Der Abt dürfe von St. Georgentag bis zu St. Mi-
chaelstag mit seinen Schafen nicht über den Schlittweg

und das ganze Jahr hindurch nicht über den untersten
Mühlweg mit seinen Pferden und anderm Vieh fahren,
Der Abt soll drei Schützen und die Gemeinde ebenso
viele kiesen, aus diesen sechs sollen beide Theile die zwei
tauglichsten wählen. Wer gedeihten Wein gegen Dürk=
heim fährt, der soll für jeden (Faß?) Boden der Ge=
meinde mit einem Pfund Heller verfallen sein, und die
Herren von Leiningen sollen den Wein erhalten. (Diese
Verordnung scheint darauf hinzudeuten, daß der Zehnt=
wein, welcher der Abtei geliefert werden mußte, nicht
von dieser zum Kleinverkauf in die Schenken der Stadt
gebracht werden durfte.)

Jetzt fragt der Schultheiß nach seinem Rechte, und
die Gemeinde spricht: Jeder aus der Gemeinde soll
mit dem Schultheißen auf St. Martinsabend einen
Pfennig vertrinken, und von diesen Pfennigen soll der
Büttel so viel nehmen, als ein halbes Viertel Wein
kostet; diesen Wein soll er des Nachts in des Schult=
heißen Haus bringen und mit demselben essen, wobei
ihm zweierlei Fleisch aufgewartet werden müsse. —

Das Weisthum der drei ungebotenen Dinge
ist späteren Ursprungs, als obiges, aber nicht minder
merkwürdig, weil es die gegenseitigen Rechtsverhältnisse
zwischen dem Abte, als dem Oberherrn, dem Grafen von
Leiningen, als dem limburgischen Fauth oder Vogt in
Dürkheim und den Einwohnern daselbst darlegt. Die
drei ungebotenen Dinge wurden dreimal des Jahres in
des Abts Frohnhof (bei der jetzigen Frohnmühle), 1.
Montag nach hl. Dreikönigstag, 2. Montag 8 Tage
nach Ostern und 3. Montag nach Johannes des Täu=
fers Tag, gehalten.

Daselbst spricht die Gemeinde, daß die Grafen von
Leiningen Fauthen sind zu Dürkheim aus Gnaden des hei=
ligen Kreuzes und haben die Fauthei zu Lehen von den

Abt von Limburg nebst 30 Fuder Wein und 100 Pfund Heller. Alle Bewohner Dürkheims, welche Wald, Wasser und Weide genießen, sollen sich an den genannten drei Tagen im Frohnhof einfinden, und wer nicht erscheine, der müsse dem Fauthen 20 Wormser Pfennige entrichten.

An den genannten drei Tagen soll des Abtes Schultheis in dem Frohnhof zu Gericht sitzen und die begangenen Frevel rügen, welche Strafen dem Fauth zustehen. —

Frevelt ein Huber oder limburgischer Leibeigener („Gotteshusmann", Mann Gottes), der soll 30 Schillinge Heller und einen Halbling als Strafe erlegen. Hat einer das Leben verwirkt, den soll der Schultheis über Nacht behalten (im Wolf, dem Stadtgefängniß), und demselben nehmen und behalten, was er über dem Gürtel (auf dem Leibe) bei sich hat; dann soll er den Verbrecher dem Fauthen zur Bestrafung nach des Gerichts Recht übergeben. Der Fauth 'solle keinen Dürkheimer, sei er limburger Leibeigener oder nicht, der gefrevelt hätte und Bürgschaft dafür leisten könne, in Haft behalten. Des Abts Schultheis richte über Stock und Stein, über die Ueberbäume, (es bestand also damals schon Bauordnung?) die davon fallenden Strafen sollen ebenfalls dem Fauthen gehören. Auch sei der Abt Herr über Mühlen und den Bach Isenach bis an die Pustmühle bei Frankenthal; jedoch müssen auf beiden Seiten des Bachs ein Pfad für ein Pferd gelassen werden. Außer dem Eygersheimer und dem Friedelsheimer Hofe habe Niemand sonst ein Recht, auf die Weide zu fahren, auch dürfe auf St. Georgentag kein Schaf über den Schlittweg zur Weide gehen; der Abt könne sich eigene Hirten für alle Arten Vieh halten. Er habe über alle Maße, Gewichte und Aiche zu sprechen, und die befswe-

gen fallenden Strafen gehören ihm allein zu. Wenn
ein Fremder nach Dürkheim zieht, daselbst Jahr und
Tag wohnt, ohne von seinem vorigen Herrn zurückverlangt zu werden, der soll dem Abt huldigen, und wenn
er dieses nach des Schultheißen Aufforderung in dreimal
14 Tagen nicht thut, soll ihm Wald, Wasser und
Weide verboten werden.

Wenn ein des hl. Kreuzes Gehöriger (Leibeigener)
einen Mord begeht, dem soll der Abt bis nach Franken=
stein forthelfen und ihm von jeglicher Münzsorte 5
Schillinge mitgeben, so wie auch wenn ein limburgischer
Leibeigener gefangen werde oder sonst in Schaden ge=
rathe, der Abt denselben mit Gold oder Silber lösen
und ihm helfen müsse. Ueber die Frevel, welche Sams=
tags Vormittags auf dem Wochenmarkt sich ereignen,
habe der Abt allein zu richten und die Strafen davon
einzuziehen. Er müsse der Gemeinde vier Leimengruben
überlassen, und die Ungsteiner dürften, so lange die
Wiesen gehägt seien, mit ihrem Vieh nur bis an die
alte Bach fahren; endlich soll in Dürkheim, zur Scho=
nung des Waldes, nur ein Wagner geduldet werden. —

Bereits im Jahre 1416 wurden verschiedene Punkte
dieser Verfassung abgeändert und eine neue Gerichtsord=
nung für Dürkheim entworfen. Der Abt und die Ge=
meinde Dürkheim hatten sich beide beschwert; dieser, daß
er einen dem Stifte angehörigen Mörder mit Geld
unterstützen und ihn nach Frankenstein bringen müsse,
daß, wenn einer der Seinigen gefangen oder beschädigt
werde, er ihn mit Geld lösen müsse. Die Dürkheimer beschwer=
ten sich, es sei lästig nach dem Tode eines armen Mannes
oder einer Frau dem Abt das beste Haupt zu geben;
es sei ungerecht, daß der Abt die ihren Voreltern ver=
liehenen Erbbestandsgüter wieder an sich ziehe, ohne sie
wegen der Verbesserung schadlos zu stellen. Die beiden

Grafen von Leiningen, Friedrich VIII. und Emich VI.,
legten diese Klagepunkte mit Berathung ihrer Mannen
und Freunde gütlich bei. Der Abt sollte fortan einen
Todtschläger nur eine Stunde Wegs weit von Limburg
ohne Gefahr bringen, wohin er wolle; wegen gefangener
limburgischer Leibeignen solle er nur die Verbindlichkeit
haben, sich derselben anzunehmen und ihnen Recht schaffen
zu helfen.

Hinsichtlich der Gemeinde wurde festgesetzt, daß, wenn
ein Armer stirbt, welcher Vieh hat, dem Abt das beste
Pferd oder die beste Kuh übergeben, oder dafür ein
Gulden entrichtet werden soll; hat der Verstorbene kein
Vieh, so soll der Abt entweder dessen besten Rock, oder
dafür fünf Schillinge Heller erhalten.

Wegen der Erbbestandsgüter wurde bestimmt, der
Abt solle sie den Dürkheimern lassen und ihnen gestatten,
sie vorbehaltlich des limburgischen Zinses an Andere
verkaufen zu dürfen. In der neuen Gerichtsordnung
wurde festgesetzt, daß dem Schultheißen von den Bürgern
Dürkheims auch Schöffen beigegeben werden und zwar 14,
welche, sonder Gunst oder Mißgunst, Jedem Recht
sprechen sollten, jedoch nicht in ihrer eigenen Angelegen=
heit. Alle Urtheile und Verhandlungen sollen durch den
Gerichtschreiber in ein Buch eingetragen werden, damit
sich die Schöffen künftig darnach richten können. Wissen
die Schöffen aus Mangel an Kenntniß über eine Klag=
sache nicht zu urtheilen, so sollen sie dieselbe vor den
Grafen von Leiningen zur Entscheidung bringen; —
können sie wegen eines Urtheiles nicht einig werden,
so soll die Mehrzahl entscheiden. Wer sich durch Wort
und That an einer Gerichtsperson versündigt, der soll
dem Schultheißen und jedem der 14 Schöffen, 2 Schil=
linge Heller zahlen. Von einer Untersuchung im Ort
oder im Felde sollen die Schöffen von dem Unrecht

3 *

habenden Theile zwei Viertel Wein und vier Weißbrode, und für jeden Urtheilsspruch ein Viertel Wein empfangen. Für das Setzen eines Marksteines 3 Schilling Heller. Von einer Schadensbesichtigung im Felde nur 1 Viertel Wein und 2 Weißbrode. Ein Gerichtsurtheil ist mit 2 Pfennigen zu lösen, von denen der Schultheiß den einen, die Schöffen den andern empfangen. Jeder Schöffe schwört, dem Schultheißen und dem Büttel gehorsam zu sein und nach jeder Aufforderung vor Gericht zu erscheinen, Herrn und Leibesnoth ausgenommen. Der Nichterscheinende muß dem Schultheißen und den Schöffen jedesmal 11 Pfennige Strafe bezahlen. Nur Alter oder einstimmig anerkannte Uebelthat soll Veranlassung zum Austritt eines Schöffen sein; die Krankheit eines derselben hindert jedoch die Sitzungen der übrigen nicht. An die Stelle eines abgegangenen Schöffen sollen die übrigen einen andern tauglichen Mann wählen. Weigert sich der Gewählte, das Amt anzunehmen oder zu schwören, so soll er von dem Abt und dem Grafen dazu gezwungen werden. Die Schöffen sind verpflichtet, bei dem Vorlesen des Martins = Weisthums und der drei ungebotenen Dinge sich einzufinden, um dem Abt und dem Grafen das Recht sprechen und wahren zu helfen.

Schon im Jahre 1426 kam wieder ein Vergleich zu Stande. Der Abt hatte erklärt: seine Abtei sei von Kaisern und Königen gestiftet. Die Rottel der Abtei enthalte alle ihr zustehenden Gerechtsamen, vor Allem, wie es mit den Gütern zwischen dem Abt und der Gemeinde gehalten werden solle. Diese Rottel habe Treu und Glauben, aber es sei bisher in manchen Stücken von der Gemeinde gegen dieselbe gehandelt worden. Die Dürkheimer hätten der Aebtissin von Seebach gegen ein Darleihen von 100 Goldgulden solche Rechte in den

Waldungen der Abtei eingeräumt, welche ihnen die Rot=
tel nicht zugestehe und die Gemeinde müsse demnach diese
Verschreibung zurücknehmen. Gegen den Inhalt der
Rottel werde auch zum Schaden des Waldes mehr
als ein Wagner in Dürkheim geduldet und die
Dürkheimer verkauften, gegen die alten Satzungen,
Holz zu Fässern und Reifen das sie in des Stiftes
Waldung fällten. Sie hielten zum Schaden des Abtes
und seines Convents das Gericht nicht nach den Satz=
ungen von 1416.

Die Dürkheimer dagegen erklärten: ob der Abt kai=
serliche Briefe über sein Stift habe, wüßten sie nicht;
auch kenne die Gemeinde die Rottel nicht. Diene sie
zu des Stiftes Gerechtsamen, so möge sie Kraft und
Geltung haben, die Gemeinde aber wolle wie früher bei
den ungebotenen Dingen gehalten sein, indem darin ihre
gegenseitigen Rechte ausgesprochen seien, wie solches der
Abt bei dem jährlichen Martins=Weisthum zusage. Hätte
die Gemeinde gegen die Rottel gefehlt, so möge der
Abt nur anzeigen, in welchen Stücken, weil man in
Ruhe und Freundschaft mit ihm zu leben gesonnen sei.
Könne ihnen der Abt beweisen, daß sie hinsichtlich des
Seebacher Kaufs kein Recht in den zugestandenen Wäl=
dern und Weiden hätten, so wollten sie sich seinem
Rechte fügen. Hinsichtlich der Wagner sei ihnen solches
aus den drei ungebotenen Dingen wohl bekannt; es gehe
aber nicht sie, sondern den Grafen als Fauth an. Wer
Faßdauben und Reife haue und auswärts verkaufe, sei
billig als ein Frevler zu behandeln und nach der Wald=
einung zu bestrafen; aber der Abt haue nicht nur solches
Holz in den der Gemeinde aus Gnaden des heiligen
Kreuzes zustehenden Waldungen, sondern brenne auch
noch Kohlen und Asche in denselben und verkaufe solche
auswärts; er habe zwar schon oft versprochen, dieses zu

laffen, aber sein Wort nicht gehalten. In Betreff des
Gerichts erklärte die Gemeinde, dieses sei wahr und sie
hätten den Schöffen verboten, Gericht zu halten und
zwar deßwegen, weil der Abt sie nicht in ihrem Rechte
schütze, indem der Graf von Naffau, welcher im Jahre
1416 einen Theil von Frankenstein erkauft hatte, sie in
ihren Waldungen beeinträchtige und dieselben zu Frankenstein ziehen wolle.

Auch auf die gesellschaftlichen Verhältnisse in der Stadt
Dürkheim gestatten uns eine Anzahl Urkunden aus jener
Zeit einen Blick zu thun. Es waren drei Stände in
Dürkheim: „Edel, Priester und Gemein." Um an Dürkheim einen festen Platz zu haben, zogen die Grafen von
Leiningen eine große Anzahl Edler nach Dürkheim. Den
Namen der Eckenbrechte von Dürkheim haben wir
schon kennen lernen, außerdem aber wohnten hier die
von Engaß, von Sachsenhausen u. a. Die Johanniskirche hatte reichgepfründete Altäre, und es werden in
jener Zeit außer dem Pfarrer und seinem Helfer an der
Johanniskirche, außer dem Vicar, den der Abt des Klosters Schönau bei Heidelberg, — dem Ruprecht der I.
von der Pfalz die Kirche 1353 nebst b-m Pfarramts-
recht geschenkt hatte — dort halten mußte, noch fünf
gepfründete Altaristen derselben Kirche an der Bartholo-
mäuskapelle ein Caplan und in dem Jakobsspitale ebenfalls drei Priester genannt. Die übrige Bürgerschaft
bildete den dritten Stand. Jeder dieser Stände hatte
sein eigenes Lokal des geselligen Verkehrs, und sie ver-
kehrten nicht mit einander. Die gutgepfründeten Altaristen
verfielen in die Fehler, die am ganzen Priesterstande
jener Zeit getadelt werden. Sie vernachlässigten die
gepfründeten Aemter und wurden deßhalb im Anfange
des 15. Jahrhunderts von den Kirchengeschwornen bei
dem Bischofe von Speyer verklagt, der sie vor seinen

Gerichtshof lud. Da sich die Klagen als gegründet herausstellten, so wurde entschieden: daß die versäumten Messen bei strenger Strafe nachgeholt und die gestifteten Jahrgedinge pünktlich versehen, sowie auch die Wohn= häuser und Weinberge von den Priestern in ordentlichem Stand gehalten werden sollten.

Eine kurze Notiz, die den Dürkheimer vielleicht in= teressiren kann, soll auch hier einen Platz finden. Das Einweihungsfest der Johanniskirche wurde von Anfang an auf den Tag von Johannis Enthauptung gefeiert. Da aber dieser Tag im Bisthum Speyer nicht strenge gehalten wurde, auch die Dürkheimer an diesem Tage ihren Handthierungen nachgingen und also der, der Jo= hanniskirche von Päpsten und Cardinälen ertheilten Ab= lässe und anderer geistiger Wohlthaten nicht theilhaftig werden konnten, so beklagten sich deßwegen die Kirchen= geschwornen bei dem Bischof von Speyer und dieser ließ im Jahre 1496 durch seinen General=Vicar festsetzen, daß dieses Fest künftig am Sonntag vor Johannis Ent= hauptung gefeiert werden sollte, und damit dasselbe mehr besucht werde, wurde denen, die an diesem Tage die Kirche besuchen und derselben Wohlthaten zuwenden würden ein 40tägiger Ablaß zugesichert. —

Die Ablaßbriefe sind leider mit einer großen Anzahl anderer Aktenstücke verloren gegangen. Ein weiterer Ab= laß wurde der Kirche im Jahre 1518 ertheilt. Damals hatte nämlich der Schultheiß und die ganze Gemeinde eine Prozession gestiftet, die allsonntäglich von dem Chor aus nach dem Beinhause auf dem Leichenhofe gehalten wurde. Der Pfarrer, der sie begleitete, bekam dabei jedesmal 3 Pfennige, ein Caplan und der Schulrector zwei, jeder Andere, der sie mitmachte einen Pfennig, und außerdem einen vierzigtägigen Nachlaß der Sünden.

Auch werden aus dieser Zeit der Bestand von vier
Bruderschaften berichtet: 1. die Priesterbruderschaft, 2.
die Reb=Bruderschaft, 3. die St. Anna=Bruderschaft, 4.
die große Bruderschaft. Es wird erzählt, daß diese alle
reiche Gefälle hatten, sowie besondere Häuser zur Ver=
sammlung, da aber die Statuten all' dieser Corpora=
tionen sehr geheim gehalten wurden, so läßt sich über Ent=
stehen, Einrichtung und Zweck nichts Bestimmtes angeben.

Wir fahren fort in Aufzählung der, in der Geschichte
Dürkheims wichtigen Daten.

Von der Höhe, die es unter Emich VI. erreicht,
wird es gewaltsam wieder herabgestürzt.

In einem Erbschaftsstreite, der über den Nachlaß
des kinderlos gestorbenen Grafen Hesso entsprang, und
in welchen dessen Wittwe auch den Churfürsten Fried=
rich hineinzog, belagerte dieser im August 1471
Dürkheim.

Zwei Stürme gegen die Burg wurden tapfer und
muthig zurückgeschlagen, welche beide, hauptsächlich durch
der Leininger List, dem Pfälzer viel edles Blut und
manchen wackern Reisigen kosteten. Den dritten Sturm
wollten indessen die Grafen, da die Vorwerke und Mauern
größtentheils niedergeschossen waren und sie also die Un=
möglichkeit einsahen, sich halten zu können, nicht mehr
abwarten, daher sie um Stillstand und Frieden baten,
den ihnen der Churfürst auch zugestand; Emich VII. und
seine Brüder Bernhard, Philipp und Diether mußten
geloben, nicht mehr gegen die Pfalz zu kriegen, sowie
auch die Vesten Hartenburg und Frankenstein nie mehr
gegen dieselbe zu gebrauchen. Dürkheim sollte sich dem sieg=
reichen Fürsten auf Gnade und Ungnade übergeben, die
Einwohner jedoch geschont, sowie auch die Brandschatz=
ung abgekauft werden, was man besonders der Gemah=
lin Emichs zu danken hatte, deren Witthum auf jene

Stabt versichert war. Was Friedrich I. sonst noch von
Leiningen'schen Besitzungen erobert hatte, das sollte dem
Grafen bis auf einige Stücke wieder zugestellt werden,
dagegen aber behielt der Sieger alle Wehr und sämmt=
liches Geschütz für sich. Die Mauern Dürkheims wur=
den darauf niedergerissen, sowie überhaupt alle ihre be=
deutenden Festungswerke geschleift und dem Boden gleich
gemacht.

Infolge dieses Krieges wird den Leiningern ein
großer Theil ihrer Besitzungen genommen, auch die
Schirmvogtei über die Limburg fällt an die
Churpfalz.

Dürkheim und Dachsburg gehören fortan un=
getheilt der Hartenburger Linie an; die ganze
Grafschaft aber war ruinirt und verarmt. Ueberwunden
waren nun die Leininger von Churpfalz, aber sie er=
gaben sich nicht.

In fortwährenden Fehden suchten sie sich das Ver=
lorne wieder zu erkämpfen und die erlittene Schmach
blutig zu rächen. Emich VIII. bot sich bald eine
günstige Gelegenheit dazu. Ueber den Churfürsten
Philipp, der seinem Sohne, dem Eidame des Herzogs
Georg des Reichen von Bayern, Beistand geleistet hatte,
ward durch den Kaiser des Reiches Acht ausgesprochen,
und alle die Fürsten und Grafen, die einst Chur=
fürst Friedrich I. gedemüthigt und geschädigt hatte,
beeilten sich, den kaiserlichen Spruch, der ihnen Gelegen=
heit zur Rache gab, auszuführen.

Emich VIII. führte einen Raubzug durch die Pfalz
aus, der seinen Namen brandmarkt, und da auch der
unter churpfälzischem Schutze stehende Abt von Limburg
ihm kein besonderer Freund war, zerstörte er 1504,
Ende August, das herrliche Kloster Limburg. Auf die
Klage des Abtes, die er 1505 auf der Reichsver=

sammlung zu Cöln, dem Kaiser Maximilian I. vortrug, wurde der Erzbischof von Mainz beauftragt, die Aussöhnung der Beiden zu bewirken.

Emich nahm nun zu der elenden Ausrede seine Zuflucht, er habe während der Zerstörung Limburg's krank in Grafenstein darnieder gelegen, und sei deßhalb für diese nicht verantwortlich. Die Brandstifter seien übrigens noch zu entschuldigen, da sie kein Gotteshaus, sondern eine Räuberhöhle zerstört hätten, da der Abt eine Besatzung geächteter Pfälzer im Stifte gehabt hätte, auch die Mönche sich die größten Ausschweifungen hätten zu Schulden kommen lassen.

Im Jahre 1507 tritt Emich VIII., alt und müde die leining'schen Güter an seinen Bruder Siegfried ab, und behält sich Dürkheim als Residenz vor.

In seinen letzten Lebenstagen erfaßte ihn noch Reue über die Zerstörung Limburgs und er trug den Brüdern Emich IX. und Engelhard auf, sich mit dem Abte zu bereinigen, was diese 1534 vor dem Churfürsten Ludwig VI. thaten.

Daß in der Zeit Emich's VIII. die Familiengruft der Leininger nach Dürkheim verlegt wurde, ist bereits erwähnt.

1540 tauschte Emich IX. von dem Abte zu Schönau gegen eine jährliche Lieferung von 5 Fuder Bockenheimer Wein nebst zwei Malter Mandeln, den dritten Theil der Wein= und Fruchtzehnten zu Dürkheim, das Pfarrsatzrecht sammt Pfarrhaus ein.

Dem Abte wurde vermuthlich bei der immer mehr Eingang findenden verbesserten evangelischen Lehre um die Erhaltung der Dürkheimer Pfarrei und deren Gefälle bange, und das Gewisse dem Schwankenden vorziehend, ging er den Tausch ein. Daß er richtig erwogen hatte, zeigte sich bald. Emich IX. war den

Grundsätzen der Reformation zugethan und beabsich-
tigte, die evangelische Lehre in der Grafschaft einzuführen, allein ein frühzeitiger Tod hinderte ihn an der
Ausführung seines Vorhabens. Dem Grafen Emich X.
war es daher vorbehalten, dieses sowohl in seiner als
auch in seines Mündels Besitzungen durchzuführen,
und die glückliche Lösung dieser Aufgabe ist hauptsächlich
dessen Einsicht und Mäßigung zuzuschreiben, weil er
nicht übereilt handelte, und auch, was in der Zeit, da
der Grundsatz galt: cujus regio ejus religio, selten
war, den Unterthanen keinen Glaubens- und Gewissens-
zwang anthat, sondern den Uebertritt zur neuen Lehre
ihrem Gutdünken und ihrer Prüfung anheim stellte, wodurch es kam, daß gegen das Jahr 1567 hin sämmtliche leiningen'schen Pfarreien mit evangelischen Predi-
gern besetzt waren, und seitdem die evangelische Religion
die herrschende in leiningen'schen Landen blieb.

In Dürkheim wurde im Jahre 1566 statt der vielen gepfründeten Priester nur ein Oberpfarrer oder Su-
perintendent angestellt, und demselben als 2. Pfarrer ein
Kaplan beigegeben.

Nicht wenig Einfluß auf Emichs Vorgehen und Ver-
fahren übte der gleich gesinnte, als eifriger Beförderer
der Reformation bekannte Churfürst Friedrich III. von
der Pfalz. Unter demselben wurde auch die Abtei Limburg, die sich aus den Ruinen, wenn auch nicht zum
ersten Glanze, doch wieder stark und schön erhoben hatte,
aufgehoben, und er ließ deren Gefälle durch einen weltlichen Schaffner erheben und verwalten, der seinen Sitz
in der limburg'schen Ketterei zu Dürkheim, das in der
Zeit vollkommen Eigenthum der Grafen zu Leiningen
geworden war, nahm. — Aus dieser Gemeinschaft zwischen Pfalz und Leiningen entsprangen nun eine unabseh-
bare Menge von Neckereien und Streitigkeiten, die auch

ben Frieden Dürkheims oft sehr empfindlich störten. 1593 kam es zu einem Vertrage, in welchem sie sich wegen des Klosters Seebach und der beiderseitigen Gerechtsame zu Dürkheim verständigten. Emich IX., der Jüngere, dessen Denkmal die Gruftkapelle schmückt, war ein Herr von hohen Gesinnungen und ihm verdankt Dürkheim die Gründung der lateinischen Schule, die er mit trefflichen Lehrern besetzte. Zugleich sicherte er ihr Fortbestehen durch Güter und Gefälle, die er ihr im reichsten Maße überwies. Die Vollendung des von ihm gleichfalls für die Schule erbauten Hauses erlebte er nicht mehr, denn er starb, wie die Inschrift seines Grabdenkmals besagt, den 24. Nov. 1606, das Haus aber wurde erst 1607 vollendet. Das Spital hinter der Schloßkirche zeigt in seinem untersten Stockwerke noch Spuren jenes Hauses.

Das 17. Jahrhundert mit seinen welterschütternden Ereignissen legte auch Dürkheim und der Umgegend schwere Prüfungen auf. Im Jahre 1636 rückte Spinola in die Pfalz, und weil die Leininger als Protestanten auf der Seite des Winterkönigs standen, auch in die Grafschaft Leiningen ein. Der im Jahre 1622 von Tilly dem Grafen zu Leiningen ausgestellte Schutzbrief behütete die leiningen'schen Lande nicht vor der Plünderung und den Gräuelthaten der Kaiserlichen, Bayern und Spanier. Die Einwohner Dürkheims und der ganzen Gegend versanken dadurch in Armuth und Elend, und diese führten eine furchtbare Sittenlosigkeit mit sich. Wie schwer die Armuth auf allen Schichten der Bevölkerung lastete, läßt sich beispielsweise daraus erkennen, daß Johann Philipp II. 1638 alle seine Kleinodien, Schmuck, Gold und Silber seiner verlebten Mutter, sowie was er und seine Frau von solchen Dingen besaß, veräußerte, um seinen bis auf's Aeußerste eingeschränkten Hofstaat nur auf's Nothdürftigste erhalten zu können. Wenn es so beim Herrn aussah, läßt sich

die Noth der Unterthanen leicht vorstellen. Der westphälische Friedenschluß brachte auch den leiningen'schen
Landen Ruhe, und die Bürger Dürkheims gingen alsbald mit allem Eifer daran, ihren zerrütteten Wohlstand
aufs Neue zu begründen. Und gerade so viel Zeit der
Ruhe war ihnen gegönnt, daß sie die Wunden des
Krieges heilen konnten, und anfingen, wieder frisch auf-
zuathmen. Sie konnten sich eine Zeitlang freuen des
immer wachsenden Segens, der ihren Fleiß lohnte, da
brauste auf's Neue das verheerende Kriegswetter über
Stadt und Land einher. Die Franzosen führten Krieg
mit dem Oberhaupte des deutschen Reiches und überschwemmten das deutsche Land mit ihren Heeren. Im
Jahre 1674 kam auch eine solche raubgierige Rotte
von der Armee des Marschalls Turenne das Gebirg
herab, um die Hartenburg zu überfallen. Sie wurden
dort aber nicht sonderlich höflich empfangen, vielmehr
sehr nachdrücklich zurückgewiesen. Dafür ließen sie ihre
Wuth an der Stadt Dürkheim aus, plünderten und
steckten sie in Brand, und mißhandelten die Einwohner
auf das Schmählichste. Damals wurden die sämmtlichen
Glocken von der Kirche herab und mit fort genommen
und noch 1678 hatte die Stadt keine wieder angeschafft.
Die Reunionskammern Ludwigs XIV. sprachen Frankreich
nebst vielen anderen Ländern im Jahre 1681 auch die
Grafschaft Dachsburg zu. Auch Straßburg wurde in
diesem Jahre geraubt.

In demselben Jahre wurde der Graf, nachdem er vorher
um seine Herrschaft zu retten vor dem Parlament zu Metz
durch einen Bevollmächtigten den Eid der Treue hatte leisten
lassen, von dem französischen Monarchen mit der Landgrafschaft Leiningen beliehen und 1685 erließ Ludwig XII.
eine sehr strenge Ordonnanz gegen die Grafen von
(Leininger-) Westerburg weil sie sich diese Landgrafschaft

zu Gunsten ihrer Familie aber zum Nachtheile des (tres-illustre) sehr erlauchten Hauses Leiningen-Dachs-burg angemaßt hätten. Die Absichten der Herren Franzosen waren immer deutlicher zu erkennen, denn sowohl der Procureur fiscal Ravaux zu Metz, als auch der Inten-dant Lagoupillière in Homburg verlangten vorerst von den beiden Linien Hartenburg und Falkenburg ein ge-naues Verzeichniß ihrer Unterthanen und dann besetzten sie das gräfliche Gebiet, angeblich um es gegen das deutsche Reich in Schutz zu nehmen, weil das Gesammt-haus Leiningen vor dem Metzer Parlament gehuldigt und die Grafschaft sammt Zubehör zu Lehen empfangen hatte. So erhielt Dürkheim französische Garnison, und auch das Schloß Hartenburg wurde mit Truppen be-legt. Außer den gewöhnlichen Abgaben mußten noch außergewöhnliche so z. B. jährlich noch 225 Livres an die Franzosen als Wacht- und Postengeld bezahlt wer-den. Der Verfolger des Protestantismus, der in seinem Lande die Hugenotten und Waldenser unterdrückte und wo es ging ausrottete, ließ durch seine Heere in Deutsch-land überall die katholische Religion gewaltsam wieder einführen, und es gelang ihm so gut, daß selbst nach dem Frieden zu Ryswik, nach welchem er mit Ausnahme von Elsaß und Straßburg das linke Rheinufer wieder abtreten mußte, 1922 Orte, die er besetzt und durch seine Dragoner bekehrt hatte, nicht wieder zum protestantischen Glauben zu-rückkehren durften. Die meisten dieser Orte gehören der Pfalz an. Auch in Dürkheim versuchten es die Franzosen den ka-tholischen Gottesdienst in der Schloßkirche wieder ge-waltsam einzuführen. Waren sie nun nicht lange genug in Dürkheim, oder fanden sie einen Widerstand, den sie nicht besiegen konnten, — es gelang ihnen hier nicht wie an anderen Orten — Dürkheim blieb protestantisch.

Bald brach nun auch der sogenannte orleanistische

Krieg aus, und auf's Neue ergoß sich der Strom der Verwüstung über die Pfalz, auch den letzten Wohlstand Dürkheims mit sich fortreißend. Die Hartenburg war von der französischen Generalität zum Schutze des Thal=weges mit einer starken militärischen Besatzung belegt, und diesem Umstande allein verdankt sie es, daß sie damals nicht, wie fast alle Burgen und Schlösser des Rhein=landes, niedergebrannt wurde. Dürkheim aber mit un=gefähr 700 Gebäuden und zwei Kirchen wurde in einen Aschenhaufen verwandelt, aus dem, wie durch ein Wun=der gerettet, die Johanniskirche, zwar beschädigt aber doch erhalten, hervorragte. Das Leiningen'sche Erbbe=gräbniß wurde — wie die Kaisergräber in Speyer — erbrochen; da die Grabschänder hier aber nicht Schätze fanden, wie sie vermuthet hatten, streuten sie die Asche der Verstorbenen in alle Winde. Die zinnernen Särge aber, und die erst neuerdings wieder angeschafften Glocken führten sie mit hinweg. —

Wie die Ameisen, denen eine muthwillige Hand den kunstvollen Bau ihrer Wohnung zerstört hat, mit un=verdrossenem Fleiße, wie oft sie auch gestört werden, denselben immer wieder zu ihrem Gebrauche herrichten, so gingen auch die Dürkheimer, nachdem ihnen jetzt der blutige Krieg dreimal das Eigenthum beschädigt und das letzte Mal ihre ganze Stadt zerstört hatte, muthig und unverdrossen wieder daran sie neu zu bauen und schon im Jahre 1700 wird Dürkheim auf's Neue zur Stadt ernannt und Johann Friedrich v. Leiningen erneuerte den Bürgern die alten und ertheilte ihnen neue Rechte und Freiheiten. Dadurch erwarb er sich die Liebe und Anhänglichkeit der Dürkheimer in hohem Grade und be=wahrte sich dieselben, da er unermüdet sorgte, das was der Krieg zerstört, wieder zu ersetzen. Das gelang ihm um so besser, als ihm seine Gemahlin, die Markgräfin

Margaretha von Baden=Durlach auf das freund=
lichste und wohlwollendste darin unterstützte. Ueberall
erwuchs Wohlstand. Nur noch einmal 1713 kamen
Nachzügler der französischen Horden in die Gegend und
bedrängten Dürkheim. Sie wurden aber von den Bür=
gern kräftig zurückgewiesen. Die Pfarrkirche wurde von
Johann Friedrich wieder reparirt, für die während
der Kriegszeit eingegangene Lateinschule ward er der
zweite Gründer und Erweiterer.

Nach dem Tode des Grafen Johann Friedrich er=
hielt Dürkheim in dem Vormunde des unmündigen Gra=
fen Friedrich Magnus, dem Markgrafen Carl von
Baden=Durlach einen „allzeit Mehrer" seines Wohl=
standes und seiner Bildung. Unter ihm erhielt die Stadt
neue Privilegien, die darauf hinzielten, fremde Hand=
werker und Manufakturisten zu bewegen, sich in Dürkheim
anzusiedeln und niederzulassen. Das that der Markgraf,
weil er die Stadt ihrer Lage in fruchtbarer Gegend, der
durch sie fließenden Isenach, und der von ihr ausgehenden
Landstraßen wegen zum Handel und Gewerbebetrieb be=
sonders geeignet hielt. Er gab deßhalb denjenigen, die
neue Häuser bauten, auf 10 Jahre Befreiung von allen
Abgaben und sicherte auch den Nichtlutheranern freie
und ungestörte Ausübung ihrer Religion zu. Durch
solche weise und tolerante Begünstigungen angelockt, zo=
gen sich viele tüchtige Arbeiter nach Dürkheim.

Unter den Eingewanderten waren auch mehrere Re=
formirte, und der aus ihnen gebildeten reformirten Ge=
meinde schenkte der Graf zur Erbauung eines Gottes=
hauses den Platz, da früher die leining'sche Burg
gestanden. Unter seines Mündels, des Grafen Fried=
rich Magnus, der im Volke der „gemeine" Graf hieß,
Regierung wurde die Residenz vom Schlosse Harten=
burg vollständig nach Dürkheim verlegt und der Bau

des Schlosses begonnen, der Graf erlebte aber die Vollendung nicht; im Jahre vor derselben im Jahre 1756 überraschte ihn der Tod. Sein Nachfolger war sein Sohn Karl Friedrich Wilhelm. Er war dem von Basedow und anderen eingeführten Philantropismus zugethan, und so kam es, daß er den durch sein Leben und Schicksale berühmten oder besser berüchtigten Theologen Carl Friedrich Bahrdt (geboren zu Bischofswerda) im Jahre 1775 von Marschlins in Graubündten, wo er Vorsteher eines Philantropins war, nach Dürkheim berief. Als General=Superintendent, Consistorialrath, Scholarch und erster Pfarrer lebte Bahrdt hier ungefähr drei Jahre. Der Graf gestattete ihm dann das Philantropin zu Heidesheim zu gründen und räumte ihm das gräfl. Schloß daselbst ein. (Ein Näheres über das Leben dieses Mannes und sein Wirken in unserer Gegend ist in der interessanten Broschüre von Pfarrer Leyser in Neustadt nachzulesen.)

Das von dem Erbprinzen errichtete, durch den berühmten Mimen Iffland eingerichtete Gesellschafts=Theater Dürkheims, in das jedem „ehrsamen Bürger" freier Eintritt gestattet war, rivalisirte mit der Mannheimer Bühne, und machte die Bewohner der Stadt mit den neuesten Erzeugnissen der Literatur bekannt. Iffland verweilte viel und gerne an dem Leining'schen Hofe, und in dem Forsthause im Jägerthale sollen seine „Jäger", die sich noch heute auf der Bühne halten, gedichtet worden sein. So war denn Dürkheim, soweit es unter den Feudallasten jener Zeit für ein abhängiges Städtchen möglich war, zu einem ziemlichen Wohlstande gelangt, da mußte es auf's Neue die Wandelbarkeit des Glückes erfahren. Die französische Revolution brach aus, ihre hochgehenden Wogen über die Nachbarländer stürzend und in ihrem weiteren Verlaufe ganz Europa überfluthend.

4

Da ward denn Dürkheim wieder ein volles Maaß des Leidens zugemessen. Der 1779 durch Joseph II. in den erblichen Fürstenstand erhobene Graf von Leiningen mußte bei den thatsächlichen Feindseligkeiten der in die Pfalz eingebrochenen Franzosen gegen ihn und sein Vermögen nach Mannheim flüchten, und am 1. Januar 1793 zogen die ersten französischen Truppen, 1 Bataillon Volontäre und etwa 100 Reiter vom 22. Regimente in Dürkheim ein. Nun wurde für die Ideen der Revolution und für den Anschluß an Frankreich geworben. Am 1. Febr. war Custine in Dürkheim. So lange verlief die Sache noch ruhig; als aber am 19. Februar 1793 die französischen Commissäre von Mainz kamen, um die Beeidigung in dem Fürstenthum Leiningen vorzunehmen, da lernten die Dürkheimer durch Erfahrung kennen, daß jede Freiheit theuer erkauft sein will. Nach Remling waren es der Commissär des Pariser National-Convents Thionville selbst und Hofmann von Mainz, die in Dürkheim den Befehl des Generals Custine auszuführen suchten. Die französischen Truppen zogen mit Kanonen und brennenden Lunten in den Hof des fürstlichen Schlosses, entwaffneten das fürstliche Jägercorps und Kreiscontingent, besetzten das Schloß, sowie die gegenüberstehende Caserne (jetzt Gastwirth Müllers Haus). Sofort versiegelten die Commissäre die Dikasterialzimmer und Registraturen und erklärten alles was darinnen war, für Nationaleigenthum. Die sämmtlichen Glieder der Regierung, des Consistoriums, der Rentei und Forstkammer, die sich zum Eide nicht verstehen wollten, wurden ihrer Aemter entsetzt. Viele Beamte zogen mit dem Fürsten nach Mannheim. Der Fürst muß bald darauf wieder nach Dürkheim gekommen sein, da die Verbündeten auf kurze Zeit das linke Rheinufer besetzt hatten. Bei ihrem un=

erwarteten Rückzuge gegen Ende 1793 mußte er aber=
mals flüchten und wieder 1794 den 1. Januar zogen
die französischen Republikaner in Dürkheim ein. In
„Remling's Geschichte der Rheinpfalz während der Revolu=
tion" finden sich Auszüge aus dem Tagebuche eines
Dürkheimer Bürgers, Namens Beaufort, über jene
schreckliche Zeit wörtlich wiedergegeben. Es sind Namen
darin genannt, die jetzt noch in Dürkheim zu Hause
sind, und von Einzelnen habe ich selbst Erzählungen ge=
hört, die ganz mit dem hier Erzählten übereinstimmen.

„Der Divisionsgeneral Marlot setzte am 3. Jan.
1794 der Stadt Dürkheim eine unerschwingliche Brand=
schatzung. Er forderte 150,000 Livres in Münze, an
4000 Hemden, 4000 Westen und ebenso viel Hosen.
Ueberdies verlangte er, unter Androhung militäri=
scher Einschreitung, das vorhandene Tuch, sonstige Zeuge,
Leinwand und Leder. Die unerbittlichen Commissäre,
welche mit Beitreibung dieser Auflagen beauftragt waren,
stellten jeden Tag neue Anforderungen an die Stadt.
Geld, Zinn, Kupfer, Uhren, Dosen, Schnallen, Ringe,
Ohrengehänge in Gold und Silber, und von allen Ein=
wohnern Hemden, Strümpfe, Stiefel, Schuhe, Weißzeug,
Lederwerk, alle Waffen ꝛc. ꝛc. nahmen sie in Beschlag,
wo sie es fanden. Diese Erpressungen in den Wohn=
ungen dauerten acht Tage hindurch. Jetzt ging es auf
die Speicher und in die Scheuern, wo alles Heu und
Stroh, alle Lebensmittel hinweggenommen wurden. Nun
kam die Reihe an das Vieh. Alle Pferde, Ochsen, Kühe,
Schafe, Schweine, ja alles Geflügel, dessen man habhaft
werden konnte, raubten die Presser.

Auch den Wein und Branntwein holten sie aus
den Kellern. Er wurde theils unmäßig getrunken,
theils in Rohheit ausgeschüttet, die Glocken wurden

4 *

aus den Thürmen herabgenommen, und nur je eine auf denselben gelassen.

Gleiche Erpressungen und Plünderungen fanden auch in den umliegenden Dörfern statt. Man durchsuchte die vornehmsten Häuser und nahm die besten Möbel und Geräthschaften hinweg und leerte die Läden und Gewölbe der Kaufleute.

Laut eines Berichtes, welcher am 19. Januar von Dürkheim in Mannheim einlief, wurden die sämmtlichen dort noch lagernden fürstlichen Weine unter Siegel gelegt.

Im Schlosse trug man alle herrschaftlichen Papiere in den Hof zusammen und gab sie den Flammen preis.

Die Republikaner machten selbst in den geräumigen Sälen des Schlosses Feuer und richteten Tapeten und Hausgeräthschaften zu Grunde, ohne jedoch weitern Brand zu schüren. Auch in der alten Post kam Feuer aus, wurde aber noch glücklich gelöscht. Die Juden wurden von den Commissären in einem engen Behälter eingesperrt, weil sie ihre Sabbathlampen und ihre sonstigen werthvollen Habschaften nicht beibringen wollten. Da die der Stadt angesetzte Brandschatzung nicht in der bestimmten Frist konnte aufgebracht werden, wurden mehrere wohlhabende Einwohner aufgegriffen und als Geißeln abgeführt."

Wie die Unterthanen in den Aemtern Dürkheim, Hartenburg, so wurden auch jene des Amtes Bockenheim während 25 Tagen geplündert, die mit Churpfalz gemeinschaftliche Pflege Haßloch, die Herrschaft Frankenstein und das Amt Herschberg aber nicht minder hart heimgesucht. Daneben legte man den einzelnen Gemeinden harte Kriegskosten und Lieferungen an Geld und Kleidungsstücken auf, welche größtentheils mit

militärischer Gewalt, oder auch durch Abführung von
Geißeln erpreßt wurde. Vernehmen wir hierüber noch
weitere Einzelnheiten, wie sie uns das schon genannte
Tagebuch aufbewahrt.

„In der Nacht vom 31. Januar zog ein Theil der
Moselarmee durch Dürkheim nach Kaiserslautern. Am
folgenden Morgen kam auch die Artillerie und das Fuhr-
wesen dieser Truppen durch die Stadt. Beim Abzuge
derselben wurde das schöne fürstliche Schloß angezündet.
Mehrere Bürger, welche zum Löschen herbeieilten, miß-
handelte man. Später gaben die französischen Reiter,
welche mit Geld beschwichtigt waren, die Erlaubniß, daß
das Feuer gelöscht werden dürfte. Allein jene sprengten
erst hinweg, als das Schloß in lichten Flammen auf=
loberte.

Zum Abschiede wurde auch noch alles Vieh, welches
aufzuspüren war, von den Republicanern weggetrieben.
Die Volontäre fielen hierbei in die einzelnen Häuser ein,
erpreßten von den Bewohnern Geld und raubten Alles,
was sie fortbringen konnten. So drangen schon Morgens
8 Uhr mehrere derselben in das Haus des Bürger=
meisters Leopold. Sie überfielen dessen ältesten Sohn
und verlangten mit allem Ungestüm Geld von dem=
selben. Er flüchtete sich in die Scheune. Seine
Verfolger feuerten mehrmals nach ihm. Die ersten zwei
Schüsse fehlten, der dritte verwundete den Fliehenden am
Fuße. Er würde wohl gemordet worden sein, wenn
nicht einige herbeieilende Gendarmen die wilden Frei=
beuter verjagt hätten.

Am 12. und 13. Februar ließen die Commissäre
eine Menge Salz aus der churpfälzischen Saline Philipps=
halle hinwegführen. Dort wurden auch die Wohnungen
und Geräthschaften des Kammerrathes Eckard und des

Inspectors Pfeufer, welche schon früher als Geißeln fortgeschleppt waren, beraubt und beschädiget.

Am 15. bis 21. desselben Monats kamen verschiedene feindliche Truppenabtheilungen nach Dürkheim. Sie führten die noch vorfindlichen Weine hinweg, raubten überdies 50 Kühe, brachen die eisernen Ketten, Gittern und Thore am kurfürstlichen Hofgarten los und schleppten sie fort. Vier Tage später schlichen die Volontäre in den Häusern und Ställen umher, um das versteckte Vieh aufzuspüren und fortzutreiben. In der Nacht vom 28. Februar nahmen sie drei mit Wein beladene Wagen hinweg. Am 1. März wurden 600 Hemden und 100 Paar Schuhe verlangt. Am folgenden Tage mußte die Stadt abermals 40,000 Livres Brandschatzung bezahlen.

An demselben Tage wurde der verwittweten Posthalterin König ein Koffer mit 2000 fl., welcher nach Mannheim sollte verbracht werden, weggenommen. Am 4. März sprengte eine preußische Patrouille bis nach Dürkheim vor.

Es kam zwischen ihr und den Republikanern zu Plänkeleien. Vier Tage später wagte sich wieder eine starke Abtheilung französischer Husaren und Volontäre mit mehreren Fuhren bis nach Freinsheim, woher sie viel Vieh, Früchte und Futter mit zurückbrachten.

Am 12. März kehrten die Presser mit mehr als 100 Fuhren abermals in Dürkheim ein, wo sie die Fuhren mit Früchten, Seilerwerk, Hanf, Flachs, Bettungen und sonstigen Gegenständen, namentlich auch mit Faßreifen, beluden und fortschafften.

Vom 17. bis 20. März leerten sie den Rothgerbern deren Ledervorräthe und nahmen die vorgefundenen Rohhäute hinweg. Dieser Raub wurde auf 25,000 fl. abgeschätzt. — Am 26. und 27. März nahmen sie dem

Bürger Sauerbeck mehrere mit Weinessig beladene Wagen in Beschlag.

An den letztgenannten Tagen durchstöberten die Commissäre alle Winkel der beiden Kirchen, um die noch vorhandenen Glocken und sonst etwa Verborgenes zu finden. Die zügellosen Presser schonten selbst der Asche der Verstorbenen nicht. Sie ließen die fürstliche Gruft und noch andere Gräber aufbrechen in der Gierde, Verkäufliches zu finden. In der letzten Hälfte des Monats März raubten die Republikaner in den Dörfern Grethen und Hartenburg alle Fütterung. Selbst die Fischweiher wurden abgeschlagen und ihre Vorräthe weggebracht. Am 24. März leuchtete das Schloß Hartenburg in hellen Flammen auf. Erst Abends 5 Uhr hatten die Flammen ausgetobt. Das dortige Archiv sank mit den übrigen Gebäulichkeiten in Asche. Auch die alten Waffen, Rüstungen und sonstige alterthümliche Geräthschaften, welche dort aufbewahrt waren, wurden geraubt, zertrümmert oder in den Burgbrunnen geworfen.

Am folgenden Tage in der Frühe ward zwischen Grethen und Hartenburg das Pferd eines französischen Quartiermeisters durch 2 Flintenschüsse, welche aus dem nahen Walde erblitzten, getödtet und hierbei ein Husar verwundet. Die Thäter konnte man nicht entdecken. Am nächsten Tage zogen daher die Republikaner die dortigen Bürgermeister für diesen Frevel gefänglich ein. Diese erhielten nicht eher die Freiheit wieder, bis jedes Dorf 1000 Livres Lösegeld bezahlt hatte. Außerdem nahmen die Dränger den armen Bewohnern alle ihre Kühe, Schafe, Geisen hinweg und richteten noch große Verwüstungen bei ihnen an. Am 3. April suchten sie abermals in den Gruben der Rothgerber nach verborgenem Leder. Auch das Haus des Gerbers Catoir wurde von 2 Commissären vom Keller bis zum Speicher durch-

stöbert um solches aufzufinden. An demselben Tage
spürten die Republikaner noch etwa 100 Kühe auf,
welche in dem Leistadter Walde und an andern Orten
versteckt waren. Am 5. April kam ein preußischer Vor=
posten bis auf die Straße bei Pfäffingen. Drei Reiter
derselben verfolgten einen franz. Gendarmen, welcher
vom Pferde gestürzt war, bis in die Stadt Dürkheim.
Hier nahmen sie ihm seinen Säbel und sein Geld ab,
ohne ihm jedoch sonst ein Leid zuzufügen. Bei ihrer
Rückkehr wurden sie sammt einem Pferde von Volon=
tären, zwischen den Weinbergen im Hinterhalte liegend,
getödtet."

Wohl könnte man noch mehrere solcher Gräuelthaten
berichten allein aus den angeführten geht genugsam her=
vor, welche Drangsale Dürkheim und seine Umgebung
in der franz. Revolution zu erleiden hatten.

Dürkheim war nun französisch und gehörte an das
Departement du Mont Tonnére, dessen Hauptstadt
Mainz war. Das gesammte fürstliche und alles geist=
liche Gut wurde Nationaleigenthum und um einen
Spottpreis verkauft. Im Jahre 1816 kam Dürkheim
mit der übrigen Pfalz wieder an Bayern. Der 6. Mai
1866, der als Gedenktag dieser Wiedervereinigung mit
Deutschland und Bayern, wie von der ganzen Pfalz,
so auch von Dürkheim festlich und fröhlich begangen
wurde, hat gezeigt, daß, obwohl Dürkheim unter der
franz. Verwaltung, nachdem die Gräuel der Revolution
vorüber waren, sich materiell wohlbefand, doch sich freute,
aus der Fremdherrschaft wieder mit dem deutschen Volke
vereinigt zu sein. Unter der bayrischen Regierung stieg
der Wohlstand der Stadt wieder empor.

Im Jahre 1847 wurde es in die Reihe der Sool=
bäder aufgenommen und ist außerdem wohl der bedeu=
tendste Traubenkurort Deutschlands.

Der Führer in der Umgegend von Dürkheim.

Der eigenthümliche Reiz unserer Gegend liegt ein= mal in der weiten Fernsicht über die städte= und dörferreiche Rheinebene, die im großen Bogen begränzt erscheint durch die Berge des Oden= und Schwarzwaldes; zum andern in dem damit wechselnden Einblick in die reichgestaltige Welt der Haardtberge. So vereinigt sich der Reiz der Ebene mit der Großartigkeit des Berglan= des. Der Blick in die Ebene überrascht und erfreut den Besucher, sobald er irgend einer in der Richtung nach Süden, Osten oder Norden führenden Straßen folgt. Da= durch, daß sanft ansteigende Hügel unmittelbar bei Dürk= heim den Blick bald einschränken, bald erweitern, wird auch das Bild der Ebene ein mannichfaltiges, verschieden begränztes, bald kleiner, bald größer. Wohl fehlen der Ebene Wald und Wasser, nothwendige Erfordernisse eines vollkommen schönen Landschaftsbildes, aber der wohlthuende Eindruck des Wohlstandes der Gegend, den man unab= weisbar beim Anblick der Ebene erhält, läßt uns das Fehlende nicht vermissen. Die Wege nach Westen hin, auf die Höhen der Haardt und durch ihre tiefen, schatti= gen Thäler, bieten den Freunden von Wald und Wasser, von wilden, wie von friedlichen Landschaftsbildern reiche Ausbeute. Die Ortschaften aber rings um Dürkheim sind

malerisch gelegen, und stellen mit wenigen Ausnahmen
auch in ihrem Innern das Bild der Wohlhabenheit und
Reinlichkeit dar. Es wird nun Aufgabe dieses Führers sein,
den Besuchern der Gegend die sehenswerthesten Punkte zu
benennen, und dabei anzudeuten, wie die Touren dahin
am zweckmäßigsten und ergiebigsten eingerichtet werden
können.

Es will uns am dienlichsten erscheinen, den
Führer so einzurichten, daß die Fremden, die nur kurze
Zeit sich hier aufhalten, Anleitung erhalten, wie sie in
wenig Touren alles Sehenswerthe besuchen können. Wie
diese größeren Touren sich in einzelne kleinere Spazier-
gänge zerlegen lassen, wird dann am Schlusse kurz anzudeuten sein.

1. Tour.

Wir wenden uns zunächst nach Osten, und gelangen bei dem Stadthause und der katholischen Kirche in
den Curgarten. Derselbe ist an der Stelle des früheren fürstlichen Schloßgartens gelegen, von welch letzterem aber nur das an der nordöstlichen Ecke der
„Terrasse" befindliche Thürmchen noch übrig ist. Bei
der Zerstörung des Schlosses wurde auch der schön angelegte und umfangreiche Schloßgarten verwüstet, und
ging dann, wie alles den Feudalherren abgenommene
Grundeigenthum durch die Hände der „französischen
Nation" und auf dem Wege der Versteigerung, in
Privatbesitz über. An der Stelle schattiger Laubgänge
und blühender Bosquets wurden Weinberge angelegt, die
zwar als Spender des „goldenen Nasses" hochzuachten
sind, aber weder zur schattigen Kühle laden, noch dem
Auge einen befriedigenden Ruhepunkt gewähren. Im
Jahre 1847 kaufte die Stadt von den Privaten die
Weinberge und ließ an ihrer Stelle durch Herrn
Gartendirector Metzger von Heidelberg, denselben, der

auch die Anlagen auf der Limburg hergestellt hat, den jetzigen Curgarten anlegen. Er kann sich nicht mit seinen im reichsten Schmucke prangenden größeren Schwestern in Wiesbaden u. s. w. vergleichen, aber er ist ein trauter Platz und bietet trotz seiner Einfachheit in der glücklich gelungenen Gruppirung seiner Bäume und Sträuche dem Auge eine fesselnde Mannichfaltigkeit. Unschätzbar aber wird er dadurch, daß er fast der einzige schattige Spaziergang in der Nähe Dürkheims ist.

Auf dem Plateau des Curgartens, das aus einem von Platanen Alleen eingefaßten Rasenplatze besteht, der im Laufe der Zeit durch einen Springbrunnen belebt werden soll, wird während der Traubenkur der

Traubenmarkt

abgehalten. Mehrere Buden stellen dann die saftigen Früchte in geschmackvollem Arrangement aus, so daß auch das Auge des blosen Besuchers, der nicht kommt um Heilung zu suchen, seine Freude daran sieht, und wohl keiner vorübergeht, ohne der lockenden Einladung zum labenden Genuße zu folgen.

Dann ist reges Leben auf dem Platze und in Ermangelung eines Cursaales geben sich hier die fremden Gäste das Rendez-vous. — Als Traubenkurort wird Dürkheim von keinem andern überboten, denn die Trauben haben vor den südlichen Trauben voraus, daß sie saftreicher sind, und darum trotz ihrer Süße nicht so leicht widerstehen. Siehe darüber die Schrift Dr. Kaufmann's.

Auf der Nordseite des Plateaus, hinter Gebüsch versteckt, befindet sich die Restauration, und auf dem Platze vor derselben spielt Mittwochs und Sonntags Nachmittags von 4 Uhr die Curmusik.

Eine wahre Pracht entfaltet im Frühjahre das Rosenbeet in seiner Mitte. Auf der Ostseite des Gartens führt ein Weg längs der Isenach nach der großen

Allee, die an der Stelle eines abgebrochenen Grabir-
hauses angelegt ist, und auch dieselbe Richtung und
Länge wie das jetzt noch bestehende einhält. Das dichte
Laubdach der Pappeln schützt vor Sonne und Regen,
und gestattet darum, daß die Allee als Trinkhalle
benützt werden kann. Denn auf den östlich die Allee
begrenzenden Wiesen sprudelt der

Bleichbrunnen,

zu dem aus der großen Allee ein erst später angelegter
Baumgang führt. Die einfache schmucklose Halle, die
ihn deckt, ladt die Curtrinkenden zur Ruhe ein.

Von den verschiedenen salzhaltigen Brunnen Dürk-
heims, (Vigilius=, Klammer=. Enaels=. Wiesen= und Alt=
Brunnen, u. s. w. ist jetzt nur noch der Bleich= und der
Maxbrunnen im Gebrauche.

Der Bleichbrunnen wird zum Trinken benützt.
und sein Wasser gewöhnlich allein getrunken, doch wohl
auch nach ärztlicher Vorschrift verstärkt mit Wasser des
Maxbrunnens oder vermischt mit Molken, die ebenfalls
in der Halle des Bleichbrunnens von einem Schweizer
ausgeschenkt werden. — Der Maxbrunnen in der Maxi=
miliansstraße wird zum Baden benützt. — Quer durch
die Wiesen, und längs des Grabirbaues ziehen sich
wohlgepflegte Wege hin, welch letzterer, als vor Zug am
Meisten geschützt, den Curtrinkenden wohl zu empfehlen ist.

Der nördliche Ausgang der großen Allee mündet auf
die Chaussee, die nach Ungstein und weiter nach Grün=
stadt führt. Ueberschreiten wir diese und folgen dem
Wege jenseits derselben, so führt uns dieser eine kurze
Strecke nach Norden gehend, und dann nach Osten ab=
biegend auf die Höhe der drei vor Dürkheim nordöstlich
liegenden, eine Reihe bildenden Hügel. Das ist die Resi=
denz des Weingottes in Dürkheims Gauen. Dort er=

blüht ihm am lieblichsten die Tochter Rebenblüthe, dort
werden ihm die feurigsten Söhne geboren, der Michels-
berger, der Spielberger und der Herrenberger, Fürsten
im Reiche des Weins. —

Wenden wir uns von unsrem Wege zuerst rechts,
und lassen uns nieder auf der dort errichteten Bank.
Hier stand in alten Zeiten eine Kapelle, dem hl. Michael geweiht, der Hügel trägt noch davon den Namen
Michelsberg. Von hier aus haben wir eine ent-
zückende Aussicht auf Dürkheim. Im Schutze der hoch
hinter ihm sich erhebenden Berge, selbst zu ihnen an-
strebend, mitten im schönen Kranz der Reben und
Bäume liegt es da. — Gegen Osten hin ist durch die
im Norden vorspringende Höhe auf der Herxheim liegt,
und die im Süden sich hinziehende Erhöhung, den sogenannten Feuerberg und Schindbuckel, die Aussicht eine
beschränktere, als von höher gelegenen Punkten, aber eine
nichtsdestoweniger freundliche. Der Blick schweift über Ungstein und die Saline, in das „Bruch," die Dürkheimer
Kornkammer, hin nach Frankenthal und nördlich schmücken
hier den Rahmen des Bildes die Dörfer Ungstein, Erpolzheim, der Kirchhofsthurm von Freinsheim, und Lambs-
heim mit seinem schlanken weithin sichtbaren Thurme; am
Südrande des Bildes sehen wir Maxdorf, Ellerstadt,
Gönnheim, Friedelsheim und Wachenheim. Unmittelbar
zu Füßen des Michelsberges dehnen sich die Wiesen (des
Brühl) aus, auf denen der Bleichbrunnen sprudelt, und
die die ganze Allee durchschneidet. Wer nun am Sonntag nach Michelstag hier hinabsieht, dem stellt sich ein
vielbewegtes Bild dar, — ein Stück Leben der Gegenwart, das, ohne sich dessen mehr bewußt zu sein aus
der Vergangenheit sich begründet. An diesem und den
nachfolgenden Tagen wird auf diesem Platze nämlich
der Wurstmarkt, das Nationalfest der Pfalz abge-

halten. — Wie es bei Wallfahrtskapellen überall Sitte
und Brauch war und ist, so baute man auch hier, zur
Erquickung der Wallfahrenden, und damit dem Leibe
auch sein Recht werde, wenn der Geist seine Speise erhalten hat, Buden und Zelte auf, und feierte ein Volksfest. Seit 1661 ist die Kapelle verschwunden, aber
die weltliche Zugabe zu der frommen Wallfahrt, war
dem Volke, das diese entbehren gelernt hatte, so lieb geworden, daß es ohne Michaels-Kapelle seinen Michaels-
Markt fortfeierte. Und wie feiert es ihn! Schon
Samstags gehen die, die „Etwas davon verstehen“ hinaus um gewissenhaft zu prüfen, ob das „Tröpfchen“ in
den aufgestapelten, stattlichen Fässern denn auch die rich-
tige Qualität habe, und das Sauerkraut schon „ächt“
und Würste „genug“ da seien. Und merkwürdiger
Weise fällt diese Prüfung immer so befriedigend aus,
daß es noch gar nicht soll vorgekommen sein, daß einer
der Samstags-Prober an den anderen Tagen nicht
wieder gekommen wäre. Und nun Sonntag, Montag,
Dienstag und Mittwoch! Da wogt es nur so, und
von oben betrachtet, sieht man bloß Kopf an Kopf. —
In der Allee stehen im rechten und linken Gange derselben ihrer ganzen Länge nach, die Buden der Kaufleute und Krämer. Auf den Wiesen sind große Wirths-
buden, Menagerien, Panorama's, Caroussels und was
für Herrlichkeiten „sonst noch nie dagewesen“ und „zum
ersten Male zu sehen“ sind, aufgestellt, Musik erschallt
von überall her, und Rufen und Jauchzen. Die beliebteste
Speise an diesen Tagen ist die Bratwurst, die denn
auch die Schutzpatronin des (Wurst)-Marktes geworden ist
und den hl. Michael darin abgelöst hat, wahrscheinlich
weil Uhland singt:

Es reimt sich trefflich Wurst und Durst,
Bei Würsten gilt's zu bürsten;

und daß es ein deutsches Fest ist, das ist klar dargethan durch das der Wurst beigegebene Sauerkraut.

„Ein Deutscher hat's zuerst gebaut,
D'rum ist's ein deutsches Essen." —

Der ganze Markt ist also eine kolossale Metzelsuppe, die die Familie Dürkheim feiert und zu der sie die ganze Pfalz einladet. Wie nun in einer Familie die Wurst=suppe ein „Ereigniß" ist, so der Wurstmarkt für Dürkheim. Haben die Griechen nach Olympiaden gezählt und die Römer nach Gründung ihrer Stadt, die Dürkheimer zählen nach dem Wurstmarkt, — soviel vor oder nach dem Wurstmarkt ist stadtläufige Rechnungsweise.

Wir erheben uns von unserer Ruhebank und gehen nach Norden, auf dem Rücken des Michels=, des vor=deren kleinen und hinteren großen Spielbergs hin, auf dessen Höhe angekommen, wir uns nun entweder nach links wenden und an dem Besitzthume des Herrn Louis Fitz, der Ziegelhütte, vorbei auf dem Wege am Fuße des Berges hin wieder nach Dürkheim zurück kehren, oder wir wenden uns rechts nach der Ebene hinunter und so kommen wir nach

Ungstein.

Berühmter Weinort. Ungefähr 900 Einwohner. Bietet keinen besonders freundlichen Anblick dar. Der abge=stumpfte Kirchthurm ist unschön. Der Ort hat aber breite und freundliche Straßen und macht auf Jeden den wohlthuen=den Eindruck der Reinlichkeit und Wohlhabenheit. (Em=pfehlenswerth die Gartenwirthschaft von Wolf zum Ritter.)

Von da kommen wir, auf der Straße nach Dürk=heim gehend nach

Pfäffingen.

Früher der Hauptort einer Grafschaft gleichen Namens,

besteht es jetzt nur noch aus einigen Häusern. Von der
Burg und den übrigen Gebäuden Pfäffingens blieb zuletzt nur noch die Kirche zu St. Peter und das Pfarrhaus übrig. Letzteres wurde von dem jetzt verstorbenen
Hrn. Joh. Fitz abgebrochen, der auch den Kirchhof in
einen Weingarten verwandelte, in dessen Mitte sein
Haus (Pensionat) liegt. Auch ein Kloster soll dort gestanden haben.

Von hier führt der Weg in südlicher Richtung nach der
Saline Philippshalle,
die auf der Stelle des früheren Klosters Schönfeld steht.
— Das Kloster Schönfeld, der heiligen Anna geweiht,
war zuerst, wie Seebach und Hausen von Nonnen des
Benediktinerordens bewohnt, und stand wie diese unter
der Aufsicht des Abtes von Limburg. Die Gleichheit
der äußeren Stellung dieser Klöster, wirkte auch eine
gleiche Gestaltung des inneren Lebens, der Verkehr der
Benediktiner-Mönche und Nonnen beschränkte sich nicht
blos auf Beichte und geistliche Versehung, wurde vielmehr zum intimsten menschlichen Zusammenleben, und
daraus entwickelte sich eine solche sittliche Versunkenheit
der Nonnen, daß 1448 der Bischof Reinhard von
Speyer es versuchte, durch eine eingreifende Reformation dem Schaden abzuhelfen. Es gelang ihm
nicht, der Teufel, den er austrieb, fuhr in die Wüste
und kam mit sieben Teufeln wieder, so daß es in
dem Kloster ärger wurde als zuvor. Da mußte
denn dem Uebel von Grund aus abgeholfen werden, und
da wurde denn der allein mögliche Weg eingeschlagen,
die Nonnen wurden entfernt und Cölestinermönche hin-
eingesetzt. Jetzt waren wenigstens die Nonnen im Kloster Schönfeld nicht mehr zuchtlos. Aber lag es am
Kloster oder an seinen Bewohnern, auch die Mönche
hatten sonderbare Ansichten über das Mönchsgelübde

und verwertheten diese in ihrem Leben. Auch in Beziehung auf Mein und Dein hatten sie sich einen eigenen Katechismus zurechtgemacht, und nach diesem war es ihnen erlaubt, die Klostergüter auf eigene Faust zum Theile zu verkaufen oder zu verpfänden.

Nun muß da irgend Jemand gewesen sein, der sich in die Lebensanschauung der Mönche nicht finden konnte oder wollte, item, Emich VIII. ist im Jahre 1510 in dem Besitze des Klosters, und die Mönche sind verschwunden. Kurfürst Ludwig V. von der Pfalz, nahm es dem Leininger wieder ab und gab es an die Abtei Limburg zurück, mit der es dann 1571 wieder an Kurpfalz kam.

Im Jahre 1594 nun pachtet ein Edelmann, Bernhard von Menzingen die Saline und legt 1595 ein Salzwerk daselbst an. Er betrieb es mit großem Erfolge und bald waren seine ersten Sudgebäude zu klein, er mußte neue erbauen.

Der dreißigjährige Krieg, der große Verwüster, stellte auch den Betrieb der Saline ein, und ließ ihre Sud-Gebäude zerfallen. Fast ein Jahrhundert später erst erfahren wir, daß sie an einen Elsässer, Duppert, auf 20 Jahre verpachtet sind, und diesem einen reichen Gewinn abwarfen. Kurfürst Karl Philipp, dem zu Ehren die Saline den Namen Philippshalle führt, ließ durch den sächsischen Minister I. Fr. von Beust das Salzwerk verbessern. Es wurden sämmtliche Salzquellen angekauft, Gradirhäuser angelegt, und überhaupt Alles in großem Betriebe hergerichtet.

Möge es dem jetzigen Freiherrn von Beust, der als früherer sächsischer Minister berufen ward, das österreichische Staats-Werk zu verbessern, ebenso gelingen, wie seinem Vorfahren mit dem Dürkheimer Salzwerk, möge er die im Herzen des Volkes entspringenden

5

Quellen des Vertrauens, der Opferwilligkeit und Ausdauer auffinden, und Oesterreich gewinnen lassen das Salz der Gewissens- nnd Glaubens-Freiheit, ohne das alles Staatsleben faul und moderig wird.

Bayern übernahm dann, nachdem die französische Herrschaft ihr Ende erreicht hatte, auch die Saline. 1847 wurde der neue Grabirbau, der einzige der jetzt noch steht, erbaut. Die Saline war in Gang bis zum Anfang dieses Jahres, wo sie, wie die Saline zu Kissingen vom Staate aufgelöst wurde, weil sie nach Aufhebung des Salzmonopols mit auswärtigen Salinen in Billigkeit der Salzherstellung nicht mehr konkurriren konnte. — Seit Juli dieses Jahres ist sie nun im Besitze der Stadt, die sie für 53,000 fl. angekauft hat.—

Was nun auch die zukünftige Bestimmung der Saline, worüber noch nicht beschlossen ist, sein mag, die Brunnen bleiben der Cur geöffnet, der **Bleichbrunnen** liefert das Trinkwasser, der **Maxbrunnen** das Wasser zum Baden, und auch Mutterlauge wird zur erfolgreichen Herstellung der Bäver geliefert. —

Von dem ersten Spaziergange kehren wir auf dem Salinenwege an der Gasfabrik und an der neben dem Grabirhause stehenden Frohnmühle, einem zur Saline gehörigen Gebäude, an den Häusern der Gebrüder Fitz vorüber nach Hause zurück.

2. Tour.

An dem Sauerbeck'schen Hause, zu dem man gelangt, wenn man durch den nördlichen Ausgang des Curgartens, den eine Isenachbrücke bildet, der Wormser (Grünstadter Straße) folgt, verläßt man diese Straße und geht das Sauerbeck'sche Haus rechts lassend, dem bald ins Freie führenden Wege nach. Am Ende der Gartenmauer theilt sich der Weg in drei Arme, von denen der eine, brei-

tere rechts, abbiegend nach dem Fitz'schen Gute und
Leistadt, der nach links sich wendende hinter dem Vigilius-
berge her wieder nach Dürkheim und zwar in die Straße
„Hinterm Berg" führt. Wir wählen den mittleren,
der zwischen Weinbergen sich allmählig aufwärts zieht
und über einige Treppenabsätze uns bald in die Mitte
des Berges bringt. Eine herrliche Fernsicht bietet sich
beim Blicke in die Ebene und auf Dürkheim zurück.
Wir kommen an einen Wegweiser, der uns auf den
Krummholzstuhl und den Teufelstein weist. Wir folgen
hier seinem Winken nicht, sondern gehen gerade fort
biegen dann später mit dem Wege um die Bergecke
steigen mit ihm am Rande des Bergabhanges hinauf bis
auf die Höhe des Berges und wenden uns dort angekommen nach Westen. Nun führt, wenn man diesen
Weg vielleicht drei Minuten fortgegangen ist rechts ein
Weg ab, auf dem man dann zum Weilach kommt. Doch
ist es vielleicht sicherer auf dem ersten Wege zu bleiben
bis zu einem Wegweiser der vom Teufelstein zum Weilach zeigt. In einer kleinen Stunde erreicht man so
von Dürkheim aus das

Forsthaus Weilach.

In trauter Waldesstille am Fuße des höchsten Berges der Gegend, des Peterskopfes gelegen, ladet es zum
Ausruhen ein. Zur Erfrischung bietet das Haus gutes Ge-
tränk und einfache Speisen. In der Nähe, durch ein
schönes Wiesenthälchen davon getrennt, liegt die Ruine
eines Leiningen'schen Försterhauses. — Hier frage man
nach dem Teufelstein, der nicht leicht gefehlt werden
kann. In einer Viertelstunde, die wir in südlicher Richtung langsam bergansteigend gehen, gelangen wir zum

Teufelstein.

Auf einer kahlen, über dem andern Bergrücken er-
habenen Anhöhe liegt ein 12' Fuß hoher, vereinzelt aus

dem Boden hervorragender Felsblock. Unwillkürlich fragt man sich: Wie kommt der hierher? Das Volk gibt Antwort durch eine Sage, die Wissenschaft durch eine Vermuthung.

Die Sage vom Teufelstein reiht sich an eine große Zahl ähnlicher Sagen an, die wohl alle die tiefe Wahrheit in sich bergen, daß auch das Böse in der Welt wider Willen und Wissen mithelfen muß, die heiligen Wege der Vorsehung in der Geschichte der Menschheit zum Ziele zu führen. Das deutsche Volk im Mittelalter sah diese Wege der Vorsehung in der Kirche verkörpert und der Glaube der Kirche verkörperte ihm das Böse im Teufel. Der Teufel hilft wider Willen die Kirchen bauen. So geschah es, um nur ein Beispiel anzuführen, in München beim Baue der Frauenkirche. Dort half er so fleißig, daß die Kirche mit zauberhafter Geschwindigkeit fertig wurde. Er hatte aber die Bedingung daran geknüpft, daß die Kirche so gebaut sein müsse, daß man in der Mitte der Kirche kein Fenster sehe. Als die Kirche fertig war, schaute sich der Teufel vergnügt die stattlichen Reihen der Fenster an und freute sich innerlich über den Seelenbraten, den ihm der Baumeister liefern solle. Der aber trat ruhig an ihn heran und führte ihn an eine Stelle im Mittelgange des Längsschiffs und bat ihn, er möge sich umschauen. Der Teufel that's — und sah kein Fenster. Wüthend stampfte er den Boden, und verließ mit obligatem Teufelsgeruche das Gotteshaus. Noch heute sieht man seinen Fuß in dem Steine eingeprägt, und wer in diese Spur sich stellt, sieht wirklich, so wunderlich es klingt, kein Fenster der fensterreichen Kirche. Auch in der Geschichte des Kölner Dombau's spielt der Teufel seine Rolle u. s. f. Als nun die Limburg erbaut wurde, da war unter Allen, die in der Frohne arbeiteten, einer, der am fleißigsten das Mauerwerk fördern half. Die schwersten Steine waren ihm nicht zu schwer, ja als man in Verlegenheit war, die in benachbarten Steinbrüchen zugehauenen 20' hohen und fast 8' im Umfange messenden Säulen den Berg hinauf zu bringen, da schaffte er Rath, er ließ sie sich auf die Schulter heben und keuchte unter ihrer Last den Berg hinan. „Die sind doch fast dem Teufel zu schwer," soll er gesagt haben. Aber was thut man nicht Alles, um seinen Zweck zu fördern. Irgend ein Schlaukopf hatte dem Teufel weiß gemacht, es werde ein Wirths- haus auf dem Berge gebaut, und dadurch seinen Eifer angefacht. Wohl ahnte er, als es an die Thürme ging und keine Tische in den großen Saal gestellt wurden, daß er wieder einmal die Rolle des dummen Teufels spielen sollte, aber er arbeitete fort und arbeitete in sich einen Plan der Rache aus. Bei der Einweihung der Kirche eilte er auf den gegenüber von der Limburg liegenden Berg, um von da einen Felsen, den er aus der Tiefe der Erde heraufgeholt, auf die Kirche und die Festversamm- lung zu schleudern, um so Alle zusammen zu verderben. Aber siehe da, der Stein erweichte in seiner Hand, und es war ihm nicht möglich seine Rache zu nehmen. Gott hatte das ihm geweihte Haus gerettet. Der Stein ver- härtete wieder, als der Teufel in ohnmächtiger Wuth davon gefahren war, aber die Spuren seiner Krallen sind in ihm zurückgeblieben. Eine andere Version läßt den Teufel philosophischer handeln. Er kommt auch in der Absicht die Limburg zu zertrümmern auf die Höhe, aber er setzt sich auf den dort liegenden großen Stein, und als er den Weg zum Kloster hinauf einen Wagen Wein fahren und taumelnde Mönche ihn begleiten sah, da hat er geschmunzelt und gedacht: Was mein ist, das ist mein, ob's im Kloster oder im Wirthshaus ist. Er ließ den Stein ruhig liegen und ging getröstet von dannen. Die erste Leseart ist die des Dichters, im Volks-

mund ist die letztere geblieben. Die Geschichte des Klosters machte sie am wahrscheinlichsten. (Die Erklärung der
Eindrücke in dem Steine ist nach der letzten Version so
teufelsmäßig kräftig, daß sie nicht gut an diesem Orte
wiedergegeben werden kann.) — Die Wissenschaft vermuthet in dem Steine einen keltischen Opferstein, der
zu dem Heiligthum gehört, das durch die Ringmauer
eingefaßt war, und auch in andern Ländern, wo man
keltische Niederlassungen fand, sind solche Steine immer
außerhalb der durch Mauern eingefaßten heiligen Haine.
Die kesselförmige Aushöhlung des Steines und die daraus
ableitenden Rinnen geben der Vermuthung ziemlichen Halt.

Die Aussicht von dieser Höhe ist reich nnd vielge-
staltig. Bei recht klarem und reinem Wetter sieht man
den Taunus und besonders dessen höchsten Punkt, den
Feldberg. Worms, Mannheim, Speyer sind die leicht
erkennbaren Punkte von denen aus man sich die übrige
Gegend zurecht legen kann. Wenn die Sonne sich darin spiegelt, sieht man auch den Rhein, doch nicht in
seinem ganzen Laufe, nur wie ein durch üppigen grünen
Kranz gewundenes Silberband herüberleuchten.

Von hier aus gehen wir wieder weiter nach Süden
auf einem Wege, den uns der Wegweiser unweit des
Teufelsteines andeutet, und dem wir ohne die Gefahr, irre zu gehen, folgen können; wieder in einer
kleinen Viertelstunde treten wir aus dem Walde heraus,
und allmählich entwickelt sich vor unsern Augen, immer
mehr und mehr sich erweiternd, ein herrliches, einzig
schönes Landschaftsbild, das seinen vollen Reiz entfaltet, wenn wir auf dem trigonometrischen Punkte, dem
Signalsteine, angelangt sind. Der Ort heißt auch

die schöne Aussicht.

Von keinem Punkte aus hat man einen lohnenderen
Einblick in das Dürkheimer Thal als von hier. Zu

Füßen Grethen, mit dem, gerade von hier aus gesehen, schönen, das Ganze hebenden Herzogweiher, gegenüber, aber tiefer gelegen, die Limburg und am Ende des Thales Hartenburg, dazu die scharfen Profile der Berggruppen; — dann wieder die Ebene. Man gesteht es dem Orte gerne zu, daß er seinen Namen mit Recht führt: schöne Aussicht. —

Schon auf dem Wege vom Teufelstein hierher kommend, fiel uns ein Steinwall in's Auge, der sich zu unserer Linken hinzog. Der Weg den wir nun einschlagen, durchbricht diesen Wall, den wir uns aber vorher noch betrachten. Es ist die

Ring= oder Heidenmauer,

sie umschließt die kleine Hochebene des Berges, zieht sich auf den drei Seiten am Rande desselben hin, an der vierten, der nördlichen, ist ein ziemlich tiefer Graben zwischen ihr und dem übrigen Bergrücken. Der Umfang der Mauer beträgt ungefähr $3/4$ Stunden, und der von ihr umschlossene Raum enthält viele aus Steinen gebildete Hügel. Aus einer von der Geschichtsforschung noch nicht genug erhellten Zeit bringt sie uns dunkle Kunde von einem Volke, das in der Culturgeschichte der Menschheit sich so gut wie gar kein bleibendes Denkmal gesetzt hat, und das jetzt in nur wenigen rein erhaltenen Ueberresten fortlebt, den Kelten.

Ueberall, wo man die Spur des Volkes findet, in Kleinasien, Griechenland 2c. hat man ähnliche Ringmauern gefunden. Wozu diese Mauern nun gedient haben? Die Ansicht davon ist verschieden. Die Einen nehmen an, die Kelten haben ihre Wohnsitze immer so gewählt und umfriedigt. Dann wäre der innere Raum durch eben solche Mauern eingetheilt gewesen, die das Besitzthum der einzelnen Kelten von einander trennten. Eine andere Ansicht nimmt an, daß es Zufluchtsstätten gewesen seien, die befestigt wurden, um in Zeiten der Noth die sämmtlichen Bewohner der Gegend mit ihrer Habe aufzunehmen und zu schützen. Wir huldigen der dritten Annahme, daß es heilige Haine waren, in denen die Kelten ihre Gottheiten verehrten, und zu denen die außer ihnen stehenden Opfersteine gehörten. Daß aber in den vielbewegten Zeiten der Völkerwanderung mancher Völkerstamm, wohl auch einmal die Römer auf ihren Zügen oder auf der Flucht solche Orte als Schutzorte benützten, ist eben so wahrscheinlich, nur waren sie nicht dazu angelegt. — Die Namen Teufelstein und Heidenmauer bestätigten noch die Annahme, denn die christl. Kirche betrachtete Alles aus dem Heidenthum stammende, als dem Teufel zugehörig und benannte es mit seinem Namen. — Cooper, der unsere Gegend besuchte, schrieb einen Roman: „die Heidenmauer oder die Benediktiner." — Folgen wir nun dem Wege der nach Osten längs dem südlichen Abhange des Berges, innerhalb der Heidenmauer hinführt, so kommen wir in ungefähr 10 Minuten an das südöstliche Ende des Berges. Dort sehen wir wieder eine Bank errichtet. Wir sind auf dem

Brunholdisstuhle

oder Krummholzstuhl wie der Name jetzt verdorben lautet. Urkunden aus dem 12ten und 13ten Jahrhundert, die der unermüdliche Forscher auf dem Gebiete pfälzischer Geschichte, der Pfarrer Lehmann von Nußdorf wieder der Vergessenheit entrissen hat, nennen den Ort: Brunholdisstuhl. Und so hätten wir denn hier einen Anklang an jenes größeste Epos unseres Volkes, dem nichts zu vergleichen ist als Homer's Ilias und Odyssee. Doch wie steht der Ort mit jener Sage in Verbindung? War es der Lieblingsaufenthalt der stolzen Königin, die Siegfrieb's Tod von Hagen forberte? Ein schöner Platz, würdig, daß eine Königin hier ruht, ist der Brunholdis-Stuhl.

Steigen wir zu dem Fuße des Felsens hinab, auf dem wir stehen, so sehen wir erstaunt regelrecht zuge-hauene Steinwände, die uns vermuthen lassen, daß ir-gend einmal Menschen sich hier eine Stätte bereitet hatten. In der nach Westen schauenden Wand ziemlich in der Mitte, sieht man ein Zeichen, das einem römischen Feldzeichen gleicht, eingehauen. Es ist ein senkrechter Strich, dessen oberer Theil einen Kreis als Durchmesser durchzieht, so aber, daß die Spitze 5—6" darüber hin-ausragt. Der Kreis selbst ist von sich kreuzenden Linien durchschnitten. Herr Revierförster Lindemann hat dasselbe Zeichen an verschiedenen Steinen auf der Höhe des Pe-terskopfes gefunden. Worauf diese Zeichen deuten, ist noch nicht klar. Vielleicht kommen diese Zeilen einem Manne in die Hand, der durch sie aufmerksam gemacht, ein Blatt der Geschichte Dürkheims aus diesen Zeichen entziffert. Folgen wir nun dem am Ostabhange des Kasta-nienberges hinabführenden Wege und kommen bei dem Wegweiser, an dem wir am Anfange unserer Tour vor-übergingen, auf den uns bekannten Weg.

3. Tour.

Diese gilt den beiden schönen Ruinen unserer Ge-gend. Wir wenden uns darum nach Westen und bleiben zunächst im Thale. Am Kirchhofe vorbei oder der Römerstraße folgend, gelangen wir in einer Viertel-stunde nach

Grethen.

Malerisch zieht sich dieses in dem engen Thale hin, den Berg umgrenzend, auf dem weithin leuchtend die Lim-burg liegt. Das Dorf selbst bietet nichts sehenswerthes,

und seine Geschichte nichts bemerkenswerthes. Am Schul-
hause, das wir vom Wege aus als das stattlichste Haus
erkennen, haben wir nun zu entscheiden, ob wir an dem unweit
davon fließenden Brunnen, den bequemeren, den Brunnen rechts lassenden Fahrweg, (den Ludwigsweg), oder den,
den Brunnen links lassenden Fußweg, der im Zickzack die
steile Ostseite des Berges hinaufführt, wählen wollen.
Jener führt bequemer, dieser schneller zum Ziele. Die
Abhänge des Berges, auf dem die Limburg liegt, und
der ungefähr 400' hoch weit in das Thal vorspringt,
gewähren einen eigenthümlichen Anblick, da der Fleiß des
Menschen dieselben bis auf die Höhe hinauf angebaut hat
und um die Schwierigkeiten des steilen Terrains zu
überwinden, sie in viele kleine Theile theilen, und jeden
einzelnen terassenförmig gestalten mußte. — Der Ludwigsweg wurde bei Gelegenheit der Anwesenheit des
Königs Ludwig I. v. Baiern, im Jahre 1854, als
Fahrweg hergestellt. König Ludwig versäumte nie bei
seiner Anwesenheit in der Pfalz die Limburg zu besuchen,
sie war einer seiner Lieblingsplätze. — Von Grethen
aus gelangt man in 20 Minuten zur

Limburg.

Wir stimmen dem König Ludwig, der ein Kenner
der Schönheit war, bei: die Limburg ist eine der
schönsten Kirchen- und Kloster-Ruinen Deutschlands.

Nicht von Anfang dem Dienste der Kirche geweiht,
war die Limburg vielmehr die stolze Burg der Salier,
des fränkischen Herzogsgeschlechtes, dem eine Reihe
deutscher Kaiser entstammte. Conrad II. im Jahre
1024 zum deutschen Kaiser berufen, verwandelte im
Jahre 1030 die „strahlende Burg", denn das bedeutet
„Lintburg" — seines Hauses in ein Kloster, das er
dem Benediktiner-Orden schenkte. Die Sage erzählt,

daß ihn der Tod eines hoffnungsvollen Sohnes, der auf
einer vom Kaiser angeordneten Jagd, bei heftiger Ver=
folgung eines Hirschen mit dem Pferde stürzte und zer=
schmettert wurde, zu dieser Umwandlung der Burg in
ein Kloster bestimmt habe. Da aber in der Stiftungs=
urkunde keine Silbe von diesem Bewegungsgrunde an=
gegeben ist, so muß die Erzählung als in's Reich der
Sage gehörend, betrachtet werden. Am 12. Juli 1030
legte Conrad II. bei Sonnenaufgang — um 4 Uhr
Morgens, — den Grundstein zu dem Gotteshause, und
an demselben Morgen noch war er in Speyer, um auch
dort den ersten Stein zu dem noch in voller Pracht
erhaltenen Dome zu legen. Der Bau des Klosters
Limburg wurde rasch betrieben, denn schon im Jahre
1034 wurde es zum größten Theile eingeweiht und mit
Benediktinern besetzt. Die Stiftungsurkunde datirt
ebenfalls aus diesem Jahre. Der Schirmherr des Klo=
sters war der Bischof von Speyer. In der Urkunde
schenkte Konrad II. dem Kloster die Dörfer Dürkheim,
Wachenheim, Schifferstadt, Grethen; sowie in der
Wetterau die Dörfer Eichen, Sundelingen, Feuerbach
und Sulzbach nebst allen Rechten, Zubehörigkeiten und
Nutznießungen, wie sie bisher die fränkischen Herzoge dort
geübt. Auch das Münzrecht wurde dem Kloster er=
theilt. Der Abt führte den Titel „Von Gottes Gna=
ben", und war Lehensherr von 20 Grafen und Herren.
Der Kaiser Konrad erlebte die Vollendung der Kirche
nicht, er starb zu Utrecht 1039 und schon drei Jahre
ruhten seine Gebeine in der Stadt, in der er zu Leb=
zeiten so gerne geweilt, in Speyer, als unter seinem
Sohne Heinrich III., die prachtvolle Kirche mit dem
Kreuze geziert und unter das Patronat des heiligen
Kreuzes und des Johannes des Evangelisten gestellt
wurde. Das Stift trug daher auch den Namen „Stift

zum heiligen Kreuze", und führte als Wappen ein schwarzes Kreuz in weißem Felde. Reich beschenkt, wie die Abtei von ihrem kaiserlichen Gründer war, wußte sie sich bald solche Schätze zu sammeln, daß sie sogar den Neid ihres Schirmherrn erregte. Bischof Eginhard von Speyer entführte 1065, also 30 Jahr nach Gründung der Abtei einen Theil ihrer Schätze nach Speyer, die von der Speyerer Chronik also aufgezählt werden: Under andern derselben Kleinot seind gewesen 34 Pfund unverwerkts Gold, eine guldene königliche Kron, ein guldenes Scepter, zween ganz guldene Kelch mit ihren Patenen under denen der eine mit köstlichen Edelgesteinen durchlegt, der ander plat gewesen, ein Kelch aus einem Edelgestein Onichius geheißen, deßgleichen das Paten, beid in klar Gold verfasset und mit anderm Edelgestein gezieret. Item zwee Särk oder Schrein voller würdig Heiligthums, der ein gulden und mit Edelgestein durchlegt, der ander von Helsebein und beschlagen. Item sechs Hörner von Helffantzähnen gemacht, und ein Geschirr wie ein Flasch, auch vier Tafeln alles von Helfenbein. Item zwo Meerschnecken, in Gold und Silber köstlich verfasset. Zwei silberne und vergüldte Rauchfaß, drei kristallinen Geschirr in Gold gefaßt, sechs silberen Leuchter, zwei silberen Eimer, ein silberen Gießfaß und Handbecken. Ein Meßbuch Helfenbeine und in Gold verfaßt. Auch ein Psalterbüchlein, so des Kaisers Caroli Magni gewesen, war durchaus mit Gold geschrieben, in Helfenbein eingebunden und mit Gold beschlagen. Ein sequentional-Buch mit Gold und Silber beschlagen, ohne sonst einen merkliche summa von Meßgewandern, Leviten-Röcken, Chorkappen und andere Gezierden von eytel Gold gewürkt." —

Man sieht, der geistliche Schirmherr der Abtei that sein Möglichstes, um die Bewohner derselben vor der

Gefahr, die der Mammon in sich birgt, zu behüten und zu bewahren. Es half aber nicht, denn sehr bald vernimmt man, daß die Benediktiner die sich zuerst, den Regeln ihres Ordens gemäß, eines frommen Wandels befleißten und segensreich wirkten, mit dem Reichthum auch die Schwelgerei und Sittenlosigkeit überkamen, und anstatt die Wohlthäter der Gegend, ihre Bedränger und geistlichen Tyrannen wurden. Aber über den Starken kam ein Stärkerer. Zu dem geistlichen Schirmvogte, dem Bischof von Speyer, erhielt die Abtei durch Kaiser Philipp von Schwaben 1206 einen weltlichen Schirmherrn in Friedrich, Graf von Leiningen. In welcher Weise dieser Herr sein Amt zu versehen gedachte, zeigte er alsbald durch die Erbauung der Hartenburg auf Limburger Gebiet. Der fortwährenden Streitigkeiten zwischen Abt und Grafen ist zum Theile bei der Geschichte Dürkheims zum Theile bei Hartenburg Erwähnung geschehen. Es genügt also hier an das Hauptsächlichste der Limburger Geschichte zu erinnern.

Bei der Vehde Ludwigs des Schwarzen von Veldenz (siehe auch Wachenheim) mit Churfürst Friedrich dem Siegreichen hatte sich der Graf von Leiningen auf die Seite des Veldenzers gestellt. Limburg aber hatte den Schutz der Kurpfälzer angerufen. Dadurch erbittert, überfiel der Leininger 1470 die Abtei und plünderte sie. Die Strafe dafür war die Zerstörung der Burg Dürkheim und Schleifung ihrer Mauern durch Friedrich. (Siehe Dürkheim Seite 40.) Der Pfälzer blieb dann Schutzherr Limburgs. Als solcher fand er sich aber berufen, um der Lüderlichkeit der Mönche willen, ihnen die Zügel wieder etwas straffer anzuziehen. Er setzte eine Reorganisation des Klosters durch. Im Jahre 1504 brach die bayerische Fehde aus, und in ihrem Verlaufe fanden die Leininger Gelegenheit ihren Muth oder Unmuth an der

Abtei zu kühlen. Die Truppen, die Philipp von der Pfalz — der in die Reichsacht erklärt war — zum Schutze der Limburg dorthin gelegt hatte, zog er bald wieder weg. Die Mönche fühlten sich nicht mehr sicher, und flohen deßhalb, Allen voran der Abt Makar — und bald darauf am 30. August 1504 brachen die Leininger im Kloster ein. Das Wenige, was die Mönche zurückgelassen, wurde fortgenommen, die Kirche ihrer Heiligthümer beraubt. Die Leichen der Grafen von Leiningen, die bis zu der Zeit ihre Familiengruft im Kloster hatten, wurden in die neuerbaute Gruft an der Johanniskirche in Dürkheim gebracht. Nachdem die Glocken in Sicherheit gebracht waren, wurde die Kirche in Brand gesteckt, und 12 Tage lang leuchteten die zerstörenden Flammen hinaus in die Ebene, ein Zeugniß rauher wüster Zeit, und unedler Rache. Ein einziger Laienbruder, Johannes, konnte sich nicht von dem ihm theuern Orte trennen, als Alle flohen blieb er, und fand seinen Tod in den Flammen.

Der Wiederaufbau des Klosters begann im Jahre 1510, unter der wohlwollenden Schutzherrschaft des pfälz. Churfürsten. Die ganze Churpfalz mußte zum Neubau beitragen, denn ein Befehl des Churfürsten verordnete, daß jede Gemeinde seines Landes zwei Fuhren liefern müsse. Unter den Aebten Siegfried von Bergen und Johann von Bingenheim, dem letzten Abte der Limburg, nahm der Wiederaufbau seinen Fortgang und 1554 wurde wieder Messe darin gelesen. Doch was dem Untergange geweiht ist, kann man eine Zeit lang stützen, aber nicht erhalten. Die neue Zeit, die mit de Reformation angebrochen, fand in dem pfälzer Churfürsten einen eifrigen Anhänger, dadurch war das Schicksal der Abtei besiegelt. Von 1561 an durften nach einer Verordnung Friedrichs III. keine Mönche mehr

aufgenommen werden und die alten, die sich zum Hei=
rathen nicht mehr bequemen wollten, durften in der
Abtei absterben. 1571 wurden die Güter der Abtei
eingezogen, und zum Theil für Schulzwecke verwendet,
zum andern Theile für den Churfürsten durch einen welt=
lichen Stiftsschaffner und einige Administratoren ver=
waltet.

Welche Güter diese „todte Hand" sich zu sammeln
verstanden, beweist das Inventar bei ihrer Aufhebung.
Die Abtei besaß 27,000 Morgen Wald, die heute zum
Theil dem Staate, zum andern Theile den früher zur
Abtei gehörigen Gemeinden verblieben. — Die Stadt
Dürkheim hat erst im Jahre 1866 einen Prozeß
gegen den Staat gewonnen, wonach dieser an die
Stadt 40,000 Gulden herauszahlen und ihre Mit=
berechtigung an dem Besitze des früher Limburger Wal=
des anerkennen mußte. — Ferner besaß die Abtei 2000
Morgen Feld und viele Güter und Höfe. Die jähr=
liche Einnahme außer den Erträgnissen der oben bezeich=
neten Güter belief sich auf 1448 Gulden baares Geld,
20 Fuder Wein, 2,200 Malter Getreide, ½ Malter
Nüsse, 16 Pf. Wachs, 58 Pf. Oel, 85 Gänsen, 181
Kapaunen und 298 Stück Hühner.

Noch einmal im Laufe der Zeit zogen die
Jünger des Ordens, dem sie einst gehörte in die
Abtei ein. Das war als in der Zeit des 30=
jährigen Krieges Oesterreich in der Gegend ein Wort
zu sagen hatte. Der westphälische Friede aber vertrieb
sie wieder, und die Einsamkeit schlug wieder ihren Thron
in den zerfallenen Hallen auf und der Epheu umrankte
mit frischem Grüne die Zeugin der Vergänglichkeit ir=
discher Pracht.

Im Orleans'schen Kriege machten sich die Franzosen,
die im Brennen und Zerstören wahre Meister waren,

die Freude, die Abtei bis auf die jetzt noch stehenden
Trümmer niederzubrennen.

Noch jetzt nöthigen die Ruinen dem Beschauer Bewun-
derung ab. Zahlreiche Oekonomiegebäude, Kapellen und Wohnungen für Arbeiter und Knechte, bedeckten wie noch ver-
einzelte Mauerreste beweisen, fast die ganze Fläche des
Berges; — es muß ein herrliches Gebäude gewesen
sein, diese Klosterkirche der Limburg, von der der be-
rühmte Benediktinerabt in Sponheim, Joh. Trittheim
(1462—1516) sagte, er habe nie eine schönere Kirche
seines Ordens gesehen. Wenn wir aber die Klage vernehmen, daß unsere heutige Zeit keine so herrlichen
Gotteshäuser mehr baut, dann wollen wir uns daran
erinnern, daß die Werke jener Zeit mit dem Schweiße
und oft unter der Verwünschung der armen Leibeigenen
erbaut wurden, und wollen Gott danken, daß sich eine
mildere Zeit in der Aufhebung jener unwürdigen Knecht-
schaft ein schöneres Denkmal gesetzt hat, als alle die,
wenn auch noch so schönen Denkmale der Dome und
Kirchen jener Zeit sind.

Die Kirche war, wie das jetzt noch zu erkennen ist,
im altromanischen Basilikenstyle erbaut. Eine Vorhalle,
deren Ueberreste wir noch zur Rechten und Linken doch
nur wenig erhalten in dem Gebüsche versteckt finden,
führte zu dem Haupteingange, über dem sich die hohe
Kuppel wölbte, in der die Glocken hingen. Zu beiden
Seiten der Kuppel, rechts und links vom Haupteingange,
zierten zwei Thürme das Gebäude. Auf den Grund-
mauern des einen, — rechts vom Eingange wurde bei
der Restauration des Klosters im 16. Jahrhundert der
jetzt noch stehende gothische Thurm errichtet. Reiche
Bildhauerarbeit soll die Thürme wie den Eingang geschmückt haben. Das Kirchenschiff war 230' lang und
140' breit, und das ungewölbte Dach desselben wurde

durch zwanzig Säulen, je 10 auf einer Seite getragen.
Die Säulen waren 20 Fuß hoch und über 2 Fuß im
Durchmeffer.

Noch eine einzige Säule, zeugt von verschwund'ner Pracht;
Auch diese, schon geborsten, kann stürzen über Nacht.

· Gemäß dem Reichthume des Klosters war der Hochaltar mit Gold und Edelsteinen reich verziert; 19
Seitenaltäre bargen Reliquien und sonstige Kirchen-
schätze.

Hinter dem Hochaltare, befand sich, jetzt durch eine
Mauer mit einer Rosette versehen von dem Schiffe
getrennt, der Conventschor. Diese Mauer stammt wahrscheinlich auch aus dem 16. Jahrhundert, was die darin
befindliche Inschrift wohl bezeugt, die lautete: Conra-
dus II. cenobium istud fundavit a. d. 1035.
Sigfridus de Bergen abbas hoc opus fieri fecit
a. d. 1551. ut inceptum perge.

(Conrad II. gründete dieses Kloster im Jahre des
Herrn 1035. Siegfried von Bergen, Abt, ließ dieses
Werk ausführen im Jahre des Herrn 1551. Möge
es vollendet werden, wie es begonnen wurde.) Leider
ist diese Tafel zertrümmert worden, und wie man sagt
in dem Wahne, es seien hinter ihr die Schätze des
Klosters eingemauert.

Unter dem Conventschore befand sich die Krypta,
deren Gewölbe jetzt gesprengt ist, in der man aber
noch die Stellung der Säulen bemerken kann. Sie
diente als Gruft, in der die Gebeine der salischen Herzoge
aufbewahrt wurden. Unter dem Chore (Querschiff), rechts
und links vom Hochaltar, befanden sich links die Gruft
der Aebte, rechts die der Grafen von Leiningen.

Die Fenster waren gemalt, und die Wände der
Kirche waren mit Freskogemälden geziert. Was aber

von diesen noch übrig ist, läßt nicht vermuthen, daß in ihnen Kunstwerke zerstört wurden.

Nordwestlich von der Kirche standen, durch Kreuzgänge mit ihr verbunden, die Conventsgebäude. — Das aus dem 16. Jahrhundert stammende Gebäude am Rande des Berges, dessen Giebelwände noch stehen und durch dessen Fenster man hineinsieht in das schöne Thal und hin zur Hardenburg, barg die Keller des Klosters; der untere Stock enthielt das Refektorium, der obere die Abtswohnung. Da wo jetzt ein freundliches Gärtchen an das Schiff der Kirche anstößt, war der Begräbnißplatz der Mönche und an seiner Westseite lagen die Zellen derselben. —

Seit dem Jahre 1847 ist die Limburg eigenthümlich an die Stadt Dürkheim übergegangen, die sie mit freundlichen Anlagen umgeben und Wege zu ihr anlegen ließ und für die Erhaltung der Ruine auf's Beste sorgt. — Sie hat über dem Eingange zur Kirche eine Tafel anbringen lassen, worauf die Hauptmomente der Geschichte der Limburg verzeichnet sind. An der Ostseite der Ruine befindet sich ein 300' tiefer Ziehbrunnen. Dort wo früher die Klosterküche war, ist jetzt eine Restauration. Der einzige Platz auf der Limburg, der seiner ersten Bestimmung erhalten blieb; denn da, wo früher die Gottesdienste der Benediktiner gefeiert wurden, da treibt sich jetzt gar oft ein munteres, muthwilliges Volk umher, und statt des Orgelklangs und der frommen Lieder kann der die Limburg Besuchende wohl mitunter die unheiligen Klänge eines Walzers vernehmen, und Gesänge wie sie auch nicht im Gesangbuch der Kirche standen; aber die Küche wird heute wie damals gesucht und verehrt.

Wir könnten nun auf der Westseite des Berges, von da, wo der Ludwigsweg die Höhe erreicht, in das Thal hinabsteigen und durch das am westlichen Fuß des

Berges liegende Hausen, am Herzogsweiher, die Straße gewinnen, oder den am Berge hinziehenden Fußweg einschlagen. Das können rüstige Fußgänger thun, wer aber bequem gehen will, dem ist zu rathen, wieder nach Grethen hinabzusteigen und auf der Chaussee am Herzogsweiher und Hausen vorbei nach Hartenburg zu gehen.

Wie gesagt, wir kommen da zunächst an den Herzogsweiher. Dieser ist vom Pfalzgrafen und Herzog Johann Casimir im Interesse der Saline angelegt, und nach ihm benannt. Er ist ein wahrer Schutzengel für Dürkheim, denn ohne ihn wäre bei heftigen Regengüssen oder gar Wolkenbrüchen die Stadt für die aus dem engen Thale herausstürzenden Wogen nur zu oft ein Ziel ihrer Zerstörungswuth, und hätte ähnliches Schicksal zu erfahren, wie das oft schwer heimgesuchte Forst und Deidesheim. — An seinem Westende liegt Hausen, nur wenige Häuser, die in die Gemeinde Grethen gehören. Früher stand hier ein Kloster, dessen schon 1136 Erwähnung geschieht, das aber 1231 von den Nonnen verlassen wurde. Was von diesem Kloster noch im Munde des Volkes lebt, ist nichts Rühmliches. Von den Gebäuden ist nichts mehr zu sehen. Eine schöne Straße mit hohen Pappeln bepflanzt führt in anmuthigen Windungen in 25 Minuten von da bequem nach

Hartenburg.

Das Dorf Hartenburg ist schön gelegen, doch bietet es sonst kein Interesse dar. In seiner Mitte aber erhebt sich ein Berg, nur aus einem felsigen Kerne bestehend, so recht geschaffen, eine Burg zu tragen und auf ihm liegt denn die noch nach ihrem Falle stolze Hartenburg. Der frühere Burgweg führt an der

Süd-Ostseite hinein, der Seite, von wo man sich der Burg naht, und ist jetzt noch der bequemste Aufgang.

Doch ist es dann gerathen, wenn man auf der Chaussee hergekommen ist, bei dem Forsthause, das durch den Hirschkopf an seiner Vorderseite kenntlich ist, den Weg links einzuschlagen, der bei der Behret'schen Mühle wieder rechts biegt, — (wer den Fußpfad herging kommt so auf den Weg) — und bequem aufwärts führt. Der aus der Mitte des Dorfes zu diesem Wege führende Pfad ist nicht sehr schön eingefaßt. — Zieht man es aber vor, zuerst eine Erfrischung zu sich zu nehmen, oder will man eine solche auf die Burg bringen lassen, — (die Wirthsleute sind immer bereit Erfrischungen, wo es gewünscht wird, auf die Ruine zu schaffen,) — so geht man durch das Dorf, in das Gasthaus zum „Hirsch" von Ritter, das empfohlen werden kann; es ist das vorletzte Haus an der Straße nach Frankenstein, und bei dem letzten Hause führt dann der Weg links über die Isenach und auf der Nordseite zur Burg hinan.

Die Hartenburg ist eine der schönsten und wohlerhaltensten Ruinen unseres Vaterlandes. Noch jetzt zeugen die weiten, ausgedehnten Räume, daß einst ein mächtiges und reiches Geschlecht darin gehaust. Freilich sind so wie sie der jetzige Umfang der Ruine einschließt nicht alle Gebäude gleichzeitig entstanden. — Die Geschichte der Hartenburg ist so eng mit der Geschichte Dürkheim's verflochten, daß ihre Darstellung nicht möglich war, ohne auch dieser zu erwähnen. Es seien deßhalb hier in aller Kürze die wichtigsten Momente aufgezählt.

Die Erbauung der Hartenburg fällt in das erste Zehntel des dreizehnten Jahrhunderts. Der Erbauer ist Friedrich II. von Leiningen aus dem Saarbrücker Hause. Auf Grund und Boden der Abtei Limburg, aber gegen deren Willen und ohne eingeholte Zustimmung gebaut, war sie eine rechte Trutzburg für die Abtei. Im Jahre 1249 erhielt Friedrich III., der die Abtei für die Beeinträchtigung, die sie von seinem Vater erfahren, entschädigt hatte, die Burg als freies Eigenthum. Der ewigen Zänkereien der Hartenburger und Limburger, die trotz dieses Vergleiches fortdauerten, ist in der Geschichte Dürkheim's Erwähnung geschehen.

1317 theilten Friedrich V. und Gottfried, zwei Stiefbrüder Söhne Friedrich's IV. das Erbe. Dabei erhielt Gottfried Hartenburg und die Schirmherrschaft über die Limburg und Dürkheim. Dieser Gottfried ist der Stifter der jetzt noch unter dem Namen Leiningen-Amorbach existirenden Linie, der auch die regierende Königin von England entsprossen ist.

Emich IX., der eine Pfalzgräfin zur Frau hatte, erweiterte dieser zur Liebe die Burg, und unter ihm scheint sie, wie die größeste Ausdehnung, so den reichsten Schmuck erhalten zu haben.

Nachdem die Stürme des 30jährigen Krieges an der Hartenburg schadlos vorübergezogen waren und ein 1674 erfolgter Angriff Türenne'scher Truppen an ihren starken Mauern und dem Muthe ihrer Vertheidiger abgeprallt war, hatte sie des Krieges Loos im Jahre 1689 zu erfahren. Damals wüthete der orleans'sche Krieg und die Franzosen überschwemmten raubend und brennend das Land. Die Hartenburg war fast der einzige Ort der tapfern Widerstand leistete, aber im obengenannten Jahre wurde sie erobert und zum Theile zerstört. Doch blieb sie nicht lange ein Schutthaufen. Die Grafen v. Leiningen, deren übrige Schlösser ebenfalls zerstört waren, bauten sie alsbald wieder auf.

Hartenburg blieb nun noch Residenz derselben bis 1725, und erfuhr während dieser Zeit vielfache Erweiterungen und Umgestaltungen.

Von 1725 an war sie nur noch von einem Ober-
förster und Dienstpersonal bewohnt, doch befand sich das
Archiv noch in ihr, und der zweite Pfarrer von Dürkheim mußte alle Sonntage in der Schloßkapelle, die wie
die Dürkheimer Schloßkirche dem Täufer Johannes ge-
geweiht war, predigen.

Die französische Revolution, der große Weltenbrand,
brach aus, und wie er die Feudalherrschaft, jenes schmachvolle
das Volk drückende Joch verzehrte und zerstörte, so hat er
auch eine große Anzahl der Zwingburgen jener Herren
und Herrscher in Asche gelegt. Hartenburg erfuhr dies
Schicksal. — Die Geschichte seiner Zerstörung ist kurz
folgende: Ein Dürkheimer, Namens Richard, war einer
von denen, welche die von Paris ausgehenden Ideen der
Freiheit und Gleichheit am freudigsten begrüßten. Sie sollten
ihm aber nicht Ideen bleiben, er wollte sie gleich praktisch
ins Leben einführen. Was aber der Revolution im Ganzen
gelang, diesem einen Revolutionär sollte es mißlingen.
Er ging in den fürstlichen Park und erlegte sich einen
feisten Hirsch. Der Fürst aber war noch nicht so be-
geistert für die Freiheitsideen und ließ den Jäger ins
Burgverließ legen. — Beiläufig muß hier erwähnt
werden, daß selbst die letzten Fürsten von Leiningen,
die den philantropinischen Bestrebungen huldigten, ihre
Gewalt oft in empörendster Weise mißbrauchten. Es ist
jetzt noch im Munde der Dürkheimer die Erzählung von
einem Bürger, der bei dem Fürsten seine Schuld ein-
treiben wollte und den der Fürst festhalten und durch
seine Knechte mit Stockschlägen behandeln ließ. — So
geschah es, daß das Andenken selbst an die besten dieser
Fürsten, wie an ihr ganzes Haus und ihre Herrschaft
in ihrem früheren Lande verschwunden ist und wenn
die Rede darauf kommt, so hört man höchstens: Gott
sei Dank, daß deren Zeit vorbei ist. — Nun zu

unserem eingesperrten Dürkheimer. Die Ankunft der Franzosen in Dürkheim befreite ihn aus seinem Gefängnisse, und er brütete Rachegedanken. Der 29. März ließ sein Werk reifen. Mit französischen Jägern ritt er an diesem Tage vor die Hartenburg, die nur schlecht vertheidigt war und den Eindringenden nicht wehren konnte. Die Burg wurde in Brand gesteckt, und mit Allem was darinnen war in einen Schutthaufen verwandelt. Besonders zu bedauern ist der gänzliche Verlust des Archivs, denn nur ein geringer Theil desselben war nach Dürkheim übergesiedelt und von da mit dem fürstlichen Eigenthum nach Amorbach gebracht worden.

Wie schon im Anfange bemerkt, ist die Hartenburg eine der großartigsten Ruinen unseres Landes, sie gibt der weitberühmten Madenburg (Eschbacher Schloß) an Umfang nichts nach, und zeigt noch mehr wohlerhaltene Einzelnheiten als diese. Wenn man von der Westseite in die Ruine eintritt, fällt im ersten Hofe ein Stück Mauerwerk in die Augen, dem man es gleich anmerkt, daß es aus anderer Zeit stammt, als die übrigen Bauten. Es ist das Einzige, was noch von der ersten Burg übrig ist, und deutet als einstiges Außenwerk an, welch bescheidenen Anfang die später so stattliche Burg genommen hatte. Geht man von hier aus durch den gewölbten Bogen in den zweiten Hof, der jetzt mit freundlichen Anlagen geschmückt ist, so bemerkt man an dem Thurme links, ungefähr 12—14 Fuß hoch vom Boden eine steinerne Fratze eingemauert. Es soll ein Mönchskopf sein, der folgender Geschichte sein Dasein verdankt. In dem ersten Streite der Hartenburger mit den Limburgern lud der Graf den Abt ein, ihn auf seinem neuen Schlosse zu besuchen. Klang die Einladung schon wie Hohn, so sollte dem arglos ihr Folgenden noch Schlimmeres begegnen. Der Graf empfing seinen

Gast sehr freundlich und bewirthete ihn reichlich. Die
Unterhaltung ging zuerst ruhig und bewegte sich in den
Formeln der Höflichkeit. Bald aber nahm sie eine
Wendung, die nicht zum Guten führen konnte. Der
Graf lenkte sie nemlich auf den Hader zwischen Hartenburg und Limburg und auf den anzubahnenden Vergleich.
Der Abt scheint in der diplomatischen Kunst, Nichts zu
versprechen und doch auch Nichts zu versagen, nicht be-
wandert gewesen zu sein, oder hatte der Wein bei beiden
schon etwas gewirkt, sie wurden heftig, der Abt bestand
auf seinem Rechte und Willen, die er nicht beugen lassen wollte, — da ließ der Graf seine Bediensteten kommen
und den Widerstrebenden in den Kerker werfen. — Ein
Stückchen aus der alten, guten Zeit! — Da der Abt
zur Vesper nicht nach Hause kam, und die Zeit immer
mehr verrann, ohne ihn den Seinen zu bringen, da ahnten
diese nichts Gutes und es zogen die Klosterknechte ge-
wappnet vor die Burg. Diesmal aber war die weltliche Macht stärker als die Kirche, und mit blutigen
Köpfen aber ohne Abt zogen die Limburger heim. Es
muß zwischen Zelle im Kloster und Verließ im Schloß,
und zwischen der Kost, die in diesem verabreicht wurde
und der an die der Abt gewöhnt war, ein gewaltiger
Unterschied gewesen sein, der seine Wirkungen auf das
Gemüth des Gefangenen nicht verfehlte. Er wurde milder
gesinnt und kam' zur Einsicht, daß in solchem Falle das
Klügste sei, nachzugeben. Der Graf schien auch des
Haders zu vergessen und hieß seinen wohlaufgehobenen
Gast den Verdruß in einem Trunke Wein hinabspülen
und entließ ihn dann. Verhöhnt von den rohen Knech-
ten der Burg verließ er sie. Zum Gedächtniß daran
ließ der Graf den steinernen Mönchskopf einmauern, der
nach der Limburg hinschaute und dorthin die Kunde rufen
sollte, daß der Graf gesonnnen sei, den Trotz der

Mönchsköpfe zu brechen, und wären sie so hart wie
Stein.

An der Nordseite der Burg gegen das Thal hin
sieht man in unregelmäßigen Abständen steinerne Kugeln
eingemauert, über deren Bedeutung man sich nicht klar
ist. Wahrscheinlich waren sie ein trotziger Zuruf an die
Belagerer, die ihnen sagen sollten: An diesen Mauern
bricht sich die Gewalt Eurer Kugeln! Auch finden sich
an der südöstlichen Seite noch Menschengestalten, über
deren Bedeutung — bloße Zierrathen scheinen es nicht
gewesen zu sein — nichts Näheres bekannt ist.

Man versäume es nicht in die guterhaltenen, schönen
Kellergewölbe hineinzusteigen, auch die fast die Hälfte der
Burg von Osten nach Westen hinziehenden, vom Hofe aus zu
dem westlichen höchsten und umfangreichsten Thurme
führenden Treppen steige man hinauf. Durch die von
Herrn Revierförster Heinz von Hartenburg in anerken-
nenswerthester Weise ausgeführten Anlagen, erhält die
ganze Ruine einen wohlthuenden Anblick und wird es
den Besuchern ermöglicht, die einzelnen Theile derselben,
sonst durch Schutthaufen unzugänglich, zu besuchen. —
Südöstlich von den Ruinen, die Aussicht gegen die Limburg hin gewährend, liegt der sogenannte Lindenplatz, der
früher als Tummelplatz für die im Waffenspiele sich
übenden Herren und Knappen soll gedient haben. Wahr-
scheinlicher ist, daß er den Grafen von Leiningen die
Terrasse ersetzen mußte, die unvergleichlich schön das
Heidelberger Schloß besitzt. Die Linden, von denen
die eine jetzt nur durch Stützen und Ketten zusammen-
gehalten wird, wurden gepflanzt, jede zur Erinnerung
an den Geburtstag eines leiniger Prinzen. Von dem
nördlichen Eingange zur Burg aus sieht man in der
Richtung nach Nordwesten nicht allzuhoch von der Chaussee
gelegen, den

Nonnenfelsen.

Zu diesem gelangt man, auf der Straße nach Fran=
kenstein fortwandernd, nach wenig Minuten. Er liegt
da, wo das erste Seitenthälchen rechts in das Dürk=
heimer Thal einmündet, vielleicht 150' hoch in der
Mitte des östlichen Bergabhanges. In der Vorderseite
des Felsens ist eine Vertiefung eingehauen und in dieser
eine altarähnliche Erhöhung bemerkbar. Daran hat der
Volksmund eine Sage geknüpft, die Heinrich Heine ein=
leiten würde mit seinem Verse:

> „Es ist eine alte Geschichte
> Doch bleibt sie ewig neu." —

Die Liebe hatte wieder einmal, ehe sie das Band
um zwei Herzen schlang nicht gefragt, weß Standes die
waren, denen die Herzen gehörten. So traf es sich
denn, daß das eine einem schmucken prächtigen Jungen
gehörte, der aber sonst keinen Adel aufzuweisen hatte,
als den der Schönheit, den ihm die Mutter Natur ver=
liehen und den eines hohen Geistes, der seinem ganzen
Leben aufgeprägt war. Das andere Herz aber gehörte
einem blühenden lieblichen Mädchen, das gleichen Gei=
stesadel besaß wie der Jüngling, daneben aber noch den
Adel, den sie von ihrem Vater, dem Grafen von Lei=
ningen ererbt hatte. An den gedachte nun weder sie
noch der Knappe ihres Vaters, denn das war die Le=
bensstellung des Jünglings, und es heißt halt:

> Es ist ein altes Liebeslied
> Mit ewig gleichem Schluß,
> Den Knappen und des Herren Kind
> Vereint der Liebe Kuß.
>
> Doch wo zwei Herzen sonnen sich
> In Liebesseligkeit
> Da lauert tückisch im Versteck
> Verätherischer Neid.

Das erfuhren denn auch zu ihrem Leidwesen die Zwei. Es kam, wie es im Gang zum Eisenhammer heißt:

> Darob entbrannt in Roberts Brust,
> Des Jägers, gift'ger Groll,
> Denn längst von böser Schadenlust
> Die schwarze Seele schwoll;
> Und trat zum Grafen, rasch zur That
> Und offen des Verführers Rath,
> Als einst vom Jagen heim sie kamen
> Streut ihm in's Herz des Argwohn's Samen.

Da war es denn aus mit dem Liebesglück, und den kurzen Wonnemonat der Liebe endigte ein schwüler Tag. Ein furchtbares Gewitter, entlud sich der väterliche Zorn, den Eichbaum und die Rose nicht verschonend, und dahin flogen, ein Spiel des grausamen Sturmes, all' die Hoffnungen, Blüthenblätter vom schönen Lebensbaume der Liebenden. Des Knappen Heimath war jetzt die wilde fremde Welt, der Jungfrau Liebe sollte jetzt der Himmelsbräutigam sein. — Wer aber zu jener Zeit als Reitersmann sich in der Welt einen Platz suchen wollte, auf dem er stolz und geehrt stehen, oder da er ruhig und kühl gebettet liegen könne, der heftete ein Kreuz an seine Schulter und zog hin übers Meer nach Osten, in's heilige Land, wie es so viele Könige und Kaiser, Ritter, Grafen und — Abenteurer thaten; so that unser Knappe, aber kein Lied, kein Heldenbuch meldet seinen Namen, die Volkssage aber läßt ihn sterben im ruhmreichen Kampfe für das Heiligthum der Christenheit, mit dem letzten Hauche seiner Lippen huldigend dem Heiligthum seines Herzens, — seiner Liebe. Die Grafentochter aber hielt es nicht aus im Kloster, sie floh, und ungekannt ließ sie sich in der Nähe ihrer väterlichen Burg als Einsiedlerin nieder — auf dem Nonnenfelsen. Ihr liebreiches Herz ließ nun die Fülle seines Segens auf Alle ausströmen, die durch Noth der verschiedensten Art unglücklich waren. Wer selbst den Leidenskelch gekostet, der kennt keine höhere Wonne, als in den Leidenskelch Anderer ein Tröpflein Balsam träufeln zu dürfen. Nun begab es sich, daß der Vater der Nonne gefährlich krank darniederlag und sie zur Pflege geholt wurde. Der Graf genas und es folgte Erkennung und Versöhnung, aber — die Grafenburg, der Schauplatz ihrer höchsten Seligkeit, und ihres tiefsten Schmerzes, wurde nicht mehr ihre Heimath, sie blieb was und wo sie war. Die Wohltäterin der Unglücklichen, — die Nonne auf dem Nonnenfelsen. —

So weit reicht für die Tour ein halber Tag aus. Wer aber Morgens von Dürkheim aufgebrochen ist und hat in Hartenburg sich erfrischt, der gehe, wenn ihm noch Zeit, Lust und Kraft geblieben ist, weiter in dem schönen Thale, bis zu der Röbter'schen Papiermühle. Bei dieser mündet wieder auf der rechten Seite der Straße ein Thal ein,

das Pfaffenthal.

Diesem folge man und, sich etwas steil aufwärts ziehend, führt es uns in schönen Buchenwald und zu dem gegen Süden in das Dürkheimer Thal schauenden

Ransels.

Ungefähr 2½ Stunden braucht man von Dürkheim aus, von Hartenburg gelangt man in 1½ Stunden, da der Weg etwas beschwerlich ist, — hierhin. Auch vom Peterskopfe aus läßt sich die Tour hierher machen aber nur mit einem Führer.

Ob die Vermuthung richtig ist, daß es statt Ran-
fels — Runfels heißen muß, und der Platz ein den
Alrunen (Schicksalsgöttinen) geweihter Platz war, oder ob,
die Veränderung des Wortes angenommen, hier ein Stein
lag, in den „Runen" geschnitten waren zum Andenken an
die Verstorbenen, was altgermanischer Sitte gemäß war,
oder ob der Name des Felsen an „Ran", die Gattin
des Meergottes, (die tückische zerstörende Kraft des Was-
sers darstellend,) erinnern soll, wagen wir nicht zu entscheiden. Die letztere Vermuthung scheint dem Wortlaute
nach die einfachste und auch die germanische Sitte der
Verehrung jener Göttin hindert, so weit wir es beurthei-
len können, nicht ihre Annahme.

Die Aussicht von diesem Orte ist eine die weit
über die bewaldeten Höhen der Haardt sich erstreckende.
Ueber alle diese ragt der Drachenfels hervor, den wir
in einer späteren Tour besuchen. — Auch der Blick in
die Ebene ist hier geöffnet. — Mit dem Besuche dieses
Felsens schließen wir die 3. Tour und kehren durch das
Thal nach Dürkheim zurück. —

4. T o u r.

Anstatt wie bei der vorigen Tour uns vom Kirchhofe an rechts in das Thal nach Grethen zu wenden,
folgen wir dem Wege, der mit Lindenbäumen bepflanzt
am nördlichen Abhange des Berges sich hinzieht. Nach
ungefähr 12 Minuten nicht allzu beschwerlichen Steigens
gelangen wir zu einem mit Akazien eingefaßten Plaze auf
einem Erdvorsprunge, in dessen Mitte ein hoffnungs-
voller Baum die

S c h i l l e r l i n d e

steht. Es haben vor 10 Jahren die deutschen Städte
gewetteifert, dem Namen des deutschen Dichterfürsten ihre

Huldigung darzubringen. Sie haben dem Andenken des Dichters Feste gefeiert und ihm selbst Standbilder errichtet und Straßen nach seinem Namen genannt. Aber keine Stadt hat einen so herrlichen, des Dichters würdigen Platz als Dürkheim ihm geweiht. Das ist ein Stück aus dem „Spaziergange". Das Bild, das sich hier den Augen darbietet, ist wie ein Gedicht Schillers, aus der Vergangenheit die Schönheit festhaltend, mit des Geistes Strahl die Gegenwart verklärend, dem Blicke des Sehers die weite Ferne erschließend, — so liegt die Gegend vor uns da. Und vor uns liegt Mannheim, die erste Stufe an der Himmelsleiter seines Ruhmes. — Unmittelbar bei dem Schillerplatze, aber höher als dieser gelegen, ist ein anderer freier, der Stadt gehöriger Platz, mit zahmen Kastanien bepflanzt, die von einem durch einen Lindenbaum angedeuteten Mittelpunkt in strahlenförmigen Linien ausgehend, das große Bild der Ebene in kleine Bilder zerlegen. Der Platz ist nach und nach aus Steinbrüchen gewonnen worden und scheint in seiner Anlage darauf berechnet, einmal eine volle Kreisform darzustellen. Nachdem wir uns hier an der Aussicht gelabt, steigen wir höher, den Berg hinan. Während der Sandstein, aus dem das Vogesengebirg besteht, bis hier noch weiß war, finden wir jetzt plötzlich rothen Sandstein. Die Grenzlinie der beiden ist hier und in dem gegenüberliegenden Steinbruche deutlich bemerkbar. Wir sind jetzt auf dem Köppel angelangt. Eine Ruhebank gestattet uns zu rasten. Hier ist der Blick auf die Limburg und den Teufelstein, und hinab nach Grethen besonders schön. Einen eignen Reiz bietet Grethen von hier aus des Abends, wenn in den zerstreut liegenden Häusern die Lichter blinken, — Leuchtkäfer an einem milden Frühlingsabend. — Nach einigen Minuten gelangen wir von hier an einen Kreuzweg. Rechts ein

Weg zur Limburg, der von hier aus bald in den Ludwigsweg einmündet. Links ein Weg nach Seebach, dem
Dorfe, das wir in kleinem freundlichem Thale erblicken,
leicht kenntlich an seiner Kirche, dem einstmaligen Chore
einer im reichen romanischen Style erbauten Klosterkirche.
Gerade gegenüber von dem Wege, der nach der Limburg
führt, führt ein Weg in den Wald und auf die von
Seebach südwestlich gelegene Berghöhe. Der Weg führt
anfangs durch Wald, der an einzelnen Punkten den
Durchblick gestattet und bald nachdem wir die Höhe verlassen und die bisherige südliche Richtung des Weges
eine östliche geworden ist, treten wir aus dem Walde
und wieder entfaltet sich vor uns das Bild der Ebene.
Rechts vom Wege ist der schön gelegene, aber in seinem
jetzigen Zustande keines Besuches werthe Mundharter
Hof, an dem wir deßhalb vorübergehen. Wir gelangen
in einer kleinen halben Stunde vom Kreuzwege an den

Flaggenthurm,

vom Volke seiner Gestalt wegen die „Kaffeemühle" genannt. Er ist aus freiwilligen Beiträgen blos behufs
der von hier aus zu genießenden Aussicht erbaut. Der
Berg auf dem er steht, heißt Fuchsmantel. Besonders
freundlich ist der Blick nach Seebach und Limburg. Von
dort aus gehen wir dem Fahrwege nach Westen folgend
in kaum 15 Minuten nach

Seebach;

jetzt ein unscheinbares Dörfchen von ungefähr 400
Einwohnern, einst ein Nonnenkloster gleichen Namens,
das ein Ritter von Seebach dem heiligen Laurentius zu
Ehren gestiftet hat. Es geschieht des Klosters schon im
Jahre 1136 Erwähnung. Wie Hausen und Schönfeld,
so stand es unter der geistlichen Oberaufsicht der Limburg. Im Jahre 1471, bei der mehrfach erwähnten

Belagerung von Dürkheim hatte der Pfälzer hier sein Lager aufgeschlagen. Im Jahre 1591 zog die letzte Nonne nach Speyer. Das Kloster war Kurpfälzisches Eigenthum geworden.

Die frühere Gestalt der Kirche läßt sich jetzt noch leicht erkennen. Ihr Grundriß stellte ein Kreuz vor und da, wo die Balken desselben sich kreuzten, stand die Kuppel mit dem Thurme. Das ist der jetzt noch stehende Theil. Das Langschiff ging nach Westen, dieses wurde, da es durch die Rohheit der Soldaten des Kurpfälzers arg gelitten hatte, in den Jahren 1482—1488 wieder hergestellt und zwar in gothischem Style, wie noch einige Ueberreste nachweisen. In einzelnen Häusern Seebachs findet man interessante Sculpturstücke, Kapitäle und Säulenknaufe. Wenn wir diese Einzelheiten uns zusammensetzen und in der Phantasie das Fehlende ergänzen, so steht vor unserm Geiste zwar keine durch ihre Größe imponirende, aber durch die Schönheit und Reinheit ihres Styles anziehende und bemerkenswerthe Kirche.

Die Wirthschaft am Eingange in das Dorf (Stepp-Schaaf Wittwe) bietet bei bescheidenen Ansprüchen einfache Erfrischungen dar.

Wir haben nun einen der verschiedenen von Dürkheim nach Seebach führenden Wege, als Rückweg zu wählen. Nicht der bequemste, aber schönste ist der durch das Thal, das nach Osten hin sich zieht. An Kastanienwäldern und Obstgärten und an den Bart'schen Bierkellern vorbei führt er uns bei dem Dr. Hoffmann'schen Hause auf die Wachenheimer Straße.

5. Tour.

Wir wenden uns jetzt nach Süden. Auf der Wachenheimer Straße gelangen wir in ungefähr 25 Minuten nach

Wachenheim

(circa 2400 Einwohner) mit einer Burgruine gleichen Namens. Das Dorf Wachenheim wird zuerst genannt im 11. Jahrhundert. Der Burg geschieht erst später Erwähnung und zwar im Jahre 1240. Nachdem sie öfter den Herrn gewechselt, kam sie 1274 an Rudolph von Habsburg, der sie als Mitgift seiner Tochter dem Pfalzgrafen Ludwig II. gab. Seitdem gehörte Wachenheim zu den churpfälzischen Besitzungen.

Im Jahre 1361 wird unter Ludwig dem Bayern Wachenheim zur Stadt erhöht, und erhielt gleiche Rechte mit Neustadt. 1470 wird die Burg von Friedrich dem Siegreichen als Eigenthum Herzog Ludwig des Schwarzen erstürmt und 1471, also in demselben Jahre wie Dürkheim, die Stadt erobert, ihrer Befestigungen beraubt und zum offenen Orte erklärt.

1689 wurde es, nachdem schon der 30jährige Krieg seinen Wohlstand untergraben, von den Franzosen eingeäschert.

Sehenswerth sind in Wachenheim die Gärten der Frau Wittwe Wolf und des Hrn. Bürgermeister Wolf. Dieselben werden den Fremden in anerkennenswerther Freundlichkeit geöffnet.

Die Burg Wachenheim ist bis jetzt nur zum Theile aus dem Schutte herausgegraben. Doch ist ein Besuch derselben um der schönen Aussicht willen lohnend.

An der Burg vorbei steigen wir das zu einem Oekonomiehaus des Herrn C. H. Wolf führende Thal hinauf. Der Weg ist beschwerlich, denn nicht „Odin" hilft uns die Schwierigkeiten überwinden, sondern „das öde Thal", wie es früher hieß, macht seine Rechte geltend. Aber droben angelangt, sehen wir wieder vor uns als Ersatz für unsre Mühe, die ganze Ebene. Der Schwarzwald mit seinen Bergriesen, der Kaiserstuhl bei

Heidelberg, des Neckarthales reckenhafter Schutzherr, des Odenwaldes liebliche Bergstraße mit dem spitzen Melibokus, dem nördlichsten der Reihe, sie alle grüßen uns auf unserer luftigen Höhe. — Aber auch der Berg, auf dem wir stehen, der Pechsteinkopf bietet uns etwas Sehenswürdiges dar, den sogenannten

Forster Basaltbruch.

Zu ihm gelangen wir in einer Viertelstunde, wenn wir von der Höhe in südlicher Richtung hinabsteigen. Das muß ein gewaltiger Drang gewesen sein, der es dem schwarzen Burschen Basalt zu eng werden ließ im Innern der Erde, und ihn mit heißer Gluth vorwärts trieb, sich umzuschauen in der obern Welt. Es ist ein steinernes Denkmal des Strebens aller Dinge nach dem Lichte. — Wir geben hier eine kurze geognostische Skizze unserer Gegend, wie wir sie Hrn. Salineninspektor Laubmann verdanken.

„Der mit Wald bedeckte mächtige Bergzug auf der linken Seite des Rheinthales, welcher sich von Weißenburg herabzieht, bis Göllheim erstreckt und schon von Ferne die Blicke jedes Rheinthalreisenden fesselt, gehört zum „Buntsandstein" der Geognosten.

Es ist ein meist kleinkörniger Sandstein, in welchem Quarzkörner von weißer oder grauer Farbe mit einem mehr oder weniger thonigen Cement verbunden sind. Einzelne Lager bestehen auch ganz aus lose zusammenhängendem Sand, während die tieferliegenden Schichten gröberes Korn und reichlicheres Bindemittel zeigen. In der Regel liegen die Gesteinsschichten nahezu wagrecht und werden von einzelnen fast senkrechten Klüften durchsetzt. An den Berggehängen, wo die mehr loceren Sandlagen ausgewaschen wurden, sieht man wohl auch stark geneigte Sandsteinbänke, öfter ragen einzelne festere

Schichtenköpfe hervor, oder bilden steile Felsen in den gegen 1000' tief eingerissenen engen Thälern. Gewöhnlich ist dieses Gestein von amarantrother Farbe, nur in der Nähe des Rheinthalrandes, wo sich jüngere Bildungen anlegen, geht die Färbung in's Gelbe über. Allenthalben bietet dieses Gestein ein vortreffliches Material zum Häuserbau. Der aus diesem Gestein hervorgehende Fruchtboden in diesem ausgedehnten, mehrere Meilen breiten Walddistrict muß unter die verhältnißmäßig unproduktivsten Flächen der Pfalz gerechnet werden. Obschon er in den von Wohnungen entfernten Schlägen schöne Eichen= und Buchenbestände aufzuweisen hat, so trägt er da, wo die Waldstreubrechtigung stärker geübt wurde, doch nur dürftigen Föhrenwuchs.

Als älteres Gebirge, auf welches diese über 1000' mächtige Buntsandsteinbildung aufruht, sieht man das Grauwackengebirge, so besonders dunkelgraue Thonschiefer und Grauwackensandstein (Rollenstein) im Neustadter Thal vom Bahnhofe aufwärts. Zahllose Klüfte durchschneiden in den verschiedensten Richtungen diese zu Straßenschotter gerne verwendete Gebirgsart.

Als jüngere, an dem Buntsandstein angelagerte Gebirgsmassen treten dagegen die Tertiärbildungen auf. Ihre Abgränzung an dem mehr oder weniger steilen Buntsandsteingehänge findet ein 'aufmerksames Auge schon von Ferne. Denn die Tertiärbildungen geben vorzugsweise den Untergrund für den vortrefflich bearbeiteten Fruchtboden unserer Gegend. Im Allgemeinen zerfällt hier die Tertiärformation in 4 Abtheilungen. Die tiefste Lage besteht aus einem Schutte von zerstörtem Steinsalzgebirg (Muschelkalkformation). Aus ihm quellen die Dürkheimer Soolen, welche nach dem Ergebniß der bisherigen zahlreichen Bohrversuche ebenso wie die Kreuznacher wohl mit Salz imprägnirten Thon und

. 7*

eben solches Conglomerat, aber niemals die das primäre Steinsalzgebirg charakterisirenden Lagen von Gips und Anhydrit durchfahren haben, was mit der chemischen Beschaffenheit der Soolen in innigem Zusammenhang stehen dürfte. Hierauf ruhen Schichten, welche durch feinkörnige hellgraue oder grünliche Sandsteine gebildet werden, die bisweilen mit ebenso gefärbtem Thon, Letten und Mergel wechsellagern.

Diese sind wiederum mit einem hellfarbigen, gelblichen Kalkstein bedeckt der zahlreiche Schneckenabdrücke (Cerithien) enthält, bei Neustadt am Wege aufs Haardter Schlößchen, am Bahnhofe zu Dürkheim, am Michelsberg, Spielberg, — an den Leistadter, Kallstadter Herzheimer Höhen auftritt und bei Grünstadt sich noch mehr ausbreitet, und allenthalben dem Wein wohlverdienten Ruf erworben hat.

In einem tieferen Niveau haben sich darauf ansehnliche Braunkohlenlager angeschwemmt, welche an der Isenach (im Gebrüch) und am Speierbach u. s. w. entblößt sind und für die Zukunft von hoher Bedeutung für unsere Gegend erscheinen. Bei dem Mangel an passenden Industrieanlagen und der Concurrenz mit den Steinkohlen blieb deren Anwendung auf Versuche beschränkt.

Zu den Tertiärgebilden gehören auch die auffallenden röhrenförmigen Brauneisensteingebilde in dem Sande bei Battenberg, der von Glasfabriken geschätzte weiße Sand bei Albisheim und der weiße feuerfeste Thon bei Grünstadt, welcher in großen Mengen in die auf dem europäischen Festland bedeutendste Fayencefabrik zu Saargemünd wandert.

Interessant ist ferner der hier aus der Erdtiefe zwischen Sandstein herausgetretene Basalt, welcher zu beiden Seiten des Thales entblößt ist und in dem ärarialischen Steinbruche durch seine schlanke säulenförmige

Bildung die Aufmerksamkeit jedes Besuchers erregt. Hier nun, in dem weiter oben gelegenen Bruche der Gemeinde Forst, wird viel Straßenschottermaterial gewonnen und mehrere Stunden weit verführt, während die dabei erhaltenen Abraumerden und kleinen Steinabfälle mit Erfolg zur Verbesserung der Wingertsböden benützt werden.

Auf dem tieferliegenden von Bächen durchschnittenen Alluvialschlamm, der in Dürkheim sogar Torfmassen beherbergt, breiten sich die ausgedehnten Grasflächen aus. Gegen den Rheinstrom hin nimmt er mitunter sandige Beschaffenheit an und enthält zahlreiche abgerundete Stücke (Geschiebe und Gerölle) der verschiedensten Gesteinsarten, welche den Strom und dessen Seitenbäche durchziehen. „(Siehe Laubmann's Bodenkarte der Umgebung von Dürkheim.)

Von diesem Bruche aus gehen wir der Straße folgend in einer ½ Stunde nach

Forst.

Berühmter Weinort. Sind wir eine ¼ Stunde durch Forst gewandert, so kommen wir, der Straße folgend in ½ Stunde nach

Deidesheim.

Wohlhabendes Städtchen mit circa 3000 Einwohnern. Berühmter Weinort. Wohldotirtes Hospital. Sehenswerth ist der Hochaltar der Kirche, ein Geschenk der Frau Buhl. — Erst vor Kurzem wurde der Ort durch eine Wasserfluth schwer heimgesucht. Es entlud sich am 28. Juli ein furchtbares Gewitter über der Stadt, verbunden mit wolkenbruchartigem Regengusse, das solche Verheerungen anrichtete, daß wohl nach Jahr und Tag noch die Spuren davon werden zu sehen sein.

Wer von der bisherigen Wanderung noch nicht zu ermüdet ist und wem es seine Zeit erlaubt, der kann mit dieser Tour auch noch den Besuch der

verbinden, deren wir schon Erwähnung gethan. Dieselben
befinden sich auf dem Martenberge, der durch die Ruinen
der Michaelskapelle kenntlich ist, nicht allzuweit von Deidesheim. 1 ½ Stunden reichen von da aus zu diesem
Besuche hin. Der Weg ist leicht zu erfragen. Auf
einer Fläche von circa 20,000 □ Meter finden wir hier
eine große Anzahl Gruben verschiedener Größe und
Tiefe. Die die Fläche umziehende Ringmauer, ungefähr 5' hoch und 10' breit, ist noch durch einen Graben
geschützt. Es ist wohl kein Zweifel, daß wir es hier
mit einem Denkmal desselben Volkes zu thun haben,
wie bei der Ringmauer auf dem Kastanienberge bei
Dürkheim. Nur scheinen hier mit größerer Sicherheit
als dort die Ueberreste eines keltischen Dorfes angenommen werden zu dürfen. Daß es ein römisches Stand-
lager gewesen sein soll, ist durchaus unwahrscheinlich. —

Die ziemlich anstrengende aber genußreiche Tour
schließen wir hiermit, wie sie von vornherein darauf angelegt war, mit einer Eisenbahnfahrt von Deidesheim nach
Dürkheim.

6. Tour.

Dieselbe führt uns in die Ebene und bietet deßhalb
nicht den Reiz wie die bisherigen Touren. Wir unter-
nehmen sie zunächst um die Ortschaften um Dürkheim
kennen zu lernen. Unser Weg führt uns die Wachenheimer Straße hinaus und unmittelbar vor der Stadt
geht links die Chaussee ab in 1 Stunde nach

Friedelsheim,

freundlicher, hübscher Ort, von dem sich die Sage erhalten hat, daß er einst sehr groß gewesen sei, aber im
30jährigen Kriege, oder wie andere behaupten 1689

durch die Franzosen niedergebrannt wurde, ohne sich zur
vorigen Größe wieder aufzuschwingen. Die ziemlich zahl-
reich hier wohnenden Mennoniten haben eine besondere Kirche
Nicht ganz 20 Minuten davon gegen Osten liegt das
wohlhabende und schöne Dorf

Gönheim.

Kurfürst Ottheinrich schoß den früheren Besitzern der
Vogtei Gönheim im Jahre 1577 2000 fl. auf ihre
Besitzungen vor und Pfalzgraf Johann Casimir erwarb
dann dieselben 1580 vollständig als Eigenthum. Auch
dieser Ort wurde im 30jährigen Kriege zerstört, und
zwar sollen nur 3 Häuser stehen geblieben sein.

In Gönheim sind mehrere empfehlenswerthe Wirthschaften, in denen man recht gut bedient wird. —

Von da gehen wir in nordöstlicher Richtung
weiter und gelangen in einer halben Stunde nach

Ellerstadt.

Der Pfarrort Ellerstadt ist unzweifelhaft einer der
ältesten Orte der ganzen Gegend. Die Sage führt
seine Entstehung auf das Jahr 112 v. Chr. zurück.
So findet sich in einem Buche, in welches die Verstei-
gerungen und Käufe eingetragen zu werden pflegten, nach-
stehender Auszug, aus einer uralten deutschen Chronika:
Anno Domini 112 Hetius der Edel Römisch Heer-
führer thut auf der Vangioner Gegend im Sand eine
Schlacht mit Sieg und erobert wieder den Rheinstrom,
bauet im Vangau, da er eine Zeit lang lag, Celino-
polis, so die Gallier Ellstatt geheißen; solche haben
die Franken und Gothen, als die den Römern diese
Landschaft abgedrungen, zerschleift von dero das Dorf
Ellstatt auf der Lambsheimer Heyden erwachsen." Den
Römern scheint auch Ellerstadt seine Entstehung zu verdanken. Aus den von Zeit zu Zeit daselbst ge-
fundenen Alterthümern geht unwidersprechlich hervor,

daß die Römer lang dort gehaust haben. Wahrscheinlich hatte ein Flügel eines der Heere, die die Römer zum Schutze der Provinz Gallien den Rhein entlang aufgestellt, dort sein castra stativa. Der frühere Pfarrer des Dorfes, Müller, hat die Vermuthung aufgestellt, daß aus diesem Lager Ellerstadt entstanden und der Name sich deßhalb Allaridestadt aus castra alarium stativa, ableiten lasse.

Später gehörte das Dorf dem Reichsgrafen von Sickingen.

Die Kirche in Ellerstadt mag wohl nächst der See- bacher Kirche eines der ältesten Baudenkmale der gan- zen Gegend sein. Sie ist im gothischen Style, älterer Zeit erbaut.

Wir dehnen unsere heutige Tour noch aus und ge- langen auf ziemlich sandigem Wege durch das Bruch in nördlicher Richtung marschirend nach

Erpolzheim.

Ein freundliches Dorf. Desselben wird schon in Ur- kunden aus der Zeit Carls des Großen gedacht, da es dieser Kaiser 778 dem Kloster Lorsch schenkte. Später wurde es von den rheinfränkischen Herzögen den Grafen von Leiningen verliehen. Auch Kurpfalz hatte Leibeigene in Erpolzheim und trat diese 1506 an Leiningen ab. Von da an blieb das Dorf bis zur Eroberung des linken Rheinufers durch Frankreich bei Leiningen.

Von Erpolzheim, wo auch ein anständiges Wirths- haus Erfrischung bietet, gehen wir auf der neuerbauten Chaussee zurück nach Dürkheim. Der Hauptreiz aller Touren in die Ebene besteht in dem schönen Blick auf das Haardtgebirg, den sie bieten. Von Gönheim und Ellerstadt aus sieht man auch einen Theil des oberen Haardtge- birges. Majestätisch grenzt sich dort am Horizonte die Maxburg (das Hamburger Schloß) ab, und vor dem

entzückten Auge zieht sich von da die ganze schön ge=
formte Bergkette nach Norden hin. Der eine Blick lohnt
reichlich den Gang in die Ebene. —

7. Tour.

Wir haben auf unseren bisherigen Touren die Ge=
gend Dürkheims nach allen Richtungen der Windrose
durchstreift, und gehen bei der 6. Tour wieder in der=
selben Richtung von Dürkheim aus, wie bei der ersten
und zweiten. Wir können nun entweder die Straße
über Ungstein wählen um zu unserem Ziele zu gelangen,
oder, wie vorzuziehen ist, bei dem Sauerbeck'schen Hause
den Leistadter Weg hinausgehen. Wir haben rechts den
Michelsberg und Spielberg, links den Kastanienberg
und die Höhe, die der Teufelstein krönt. An dem
Louis Fitz'schen Besitzthume, das wir links lassen, vorüber,
kommen wir auf die Leistadter Höhe zu den Kalkbrüchen.
Wir kennen die Aussicht, die sich uns von hier aus dar=
bietet zum Theile, es ist die Ebene nach Ost und Süd.
Neu aber ist der Blick nach Norden; und auch im Osten
erschließt sich zu unsern Füßen ein neues Bild, Kallstadt
Freinsheim ꝛc. Wir besuchen

Leistadt,

das gar freundlich in einem Thale daliegt. Hier ändert
sich die Gegend und nimmt gegenüber der nächsten Um=
gebung Dürkheim's, die ein Weinland ist, den Character
eines Fruchtlandes an. Diesen Character behält die
Gegend gegen Norden zu bei, trotzdem, daß auch hier
noch immer Wein gebaut wird. Von Leistadt lassen
wir uns den Weg zeigen nach

Herxheim a. Berg.

Durch dasselbe führt die Straße nach Grünstadt, doch
liegt, während diese auf der Höhe des Berges hinführt,
das Dorf selbst am östlichen Abhange des Berges.

Von hier aus herrliche Rundsicht. Gegen Osten hin gelangen wir in 20 Minuten nach

Freinsheim.

Stadt mit ungefähr 3000 Einwohnern. Mitten in einem Walde von Obstbäumen gelegen, bietet es einen freundlichen Anblick dar. Kirche und Stadthaus sind alt. Die alten Stadtthore sind zum Theile noch erhalten. Die Wappen an einzelnen Gebäuden erzählen davon, daß früher die Kurpfalz hier zu gebieten hatte. Südlich von Freinsheim liegt der Kirchhof und auf demselben ein viereckiger Thurm, der weiß angestrichen weithin sichtbar ist. —

In Freinsheim sind mehrere gute Wirthschaften.

Wir gehen eine zeitlang auf der Straße nach Dürkheim, biegen dann rechts ab und folgen einem ebenfalls sehr guten Wege. Dieser führt uns in 20 Minuten nach

Kallstadt.

Dorf mit ungefähr 1200 Einwohnern, bekannt durch seinen Rothwein, der sehr vorzüglich wäre, wenn nur noch so viel gebaut würde, daß man bei jeder Flasche, die man trinkt, gewiß sein könnte, daß sie aus Kallstadt stammt. (Wirthschaft von Schuster). Von hier folgen wir der Straße über Ungstein und kehren nach Dürkheim zurück.

8. Tour.

Zum Drachenfels und in's Isenachthal.

Erfordert einen Tag. Am Besten nimmt man einen Führer und läßt sich durch das Hammels- und Friedrichsthal führen. Man nehme Erfrischungen mit, die der Führer tragen kann. Schöner Weg. In 3 Stunden bequem gelangt man zum Hohberg. In einer halben

Stunde auf dessen Höhe, zum Drachenfelsen. — In demselben 2 Höhlen, eine durch den Felsen hindurchgehende, eine in der östlichen Seitenwand. Das Volk nennt sie Drachenkammer. Wieder eine Erinnerung an die schon erwähnte Siegfriedssage. Man besuche die verschiedenen Punkte, die die Aussicht über das herrliche Gebirgspanorama gestatten. Die Fußpfade, die die Hochfläche kreuzen, führen zu denselben hin. Wo der Weg auf die Hochfläche des Berges führt, durchschneidet er einen Steinwall, ähnlich der Ringmauer, und der Stein am nördlichen Abhange scheint der Opferstein gewesen zu sein, wie der Teufelsfelsen bei jener. — Nach Lehmann's, des gründlichen Beschreibers dieser Gegenden, Forschungen war dieser Ort in alter Zeit der Zufluchtort gallischer Druiden, während das Christenthum schon in der Gegend sich ausgebreitet hatte. Auch glaubt man, daß hier den altdeutschen Gottheiten Menschenopfer gebracht wurden, wofür das Auffinden von steinernen Opferwerkzeugen sprechen möchte. Gefundene römische Münzen vom Jahr 350 und Gefäße sprechen dafür, daß auch den Römern dieser Punkt nicht unbekannt war.

Gegen Südost erblickt man von dem Drachenfels aus auf einer öden Waldfläche ein einzeln stehendes Haus, das Forsthaus „Kehr' dich an nichts", das von dem Grafen von Leiningen, Friedrich Magnus († 1756), erbaut wurde und ehmals einen kleinen Fischweiher vor sich hatte. Seine Erbauung geschah in Folge der häufigen Streitigkeiten zwischen leiningischen und kurfürstlichen Jägern. Der Kurfürst hatte nämlich vorher, nicht weit von „Kehr' dich an nichts" entfernt, einen Thurm, „Murr' mir nicht viel", dessen Ruinen noch sichtbar sind, und ein Forsthaus „Schau' dich nicht um" genannt, erbauen lassen, um damit die Leininger zu ärgern und im Zaum zu halten.

Wir steigen nun am östlichen Abhange des Berges hinab und gelangen in ungefähr 20 Minuten zum

Saupferch,

der Wohnung eines Waldhüters, und von da gelangen wir durch das Linden= und Stütterthal in nördlicher Richtung in ½ Stunde in das Dürkheimer Thal. Hier ist das

Jägerthal,

jetzt ein kgl. Forsthaus, früher Leiningen'sches Jagd=schloß. Ein steinernes Schildhaus, und der Name Eremitage erinnert an einstige Herrlichkeit. Hier ist es, wo Iffland seine „Jäger" gedichtet haben soll. Folgen wir der Straße nach Westen, so treffen wir bald, da wo rechts das Wolfsthal einmündet, die Ueberreste eines kleinen Tempels, den ein Fürst von Leiningen zu Ehren des damals berühmten Idyllen = Dichters Geßner († 1787 in Zürich) hatte erbauen lassen. Rohheit hat ihn zerstört. Das nächste Thal, das rechts einmündet, ist das Isenach=Thal. In demselben gelangen wir bald zu dem Hofe Unterisenach, der Wohnung eines Weiher=aufsehers. Es befindet sich da ein zur früheren Saline gehöriger sehr schöner Weiher. Ein Nachen befindet sich darauf und gibt Gelegenheit zu kleinen Wasserparthieen. Weiter aufwärts im Thale liegt das Forsthaus „Mittlere Isenach." Hier ist ein stiller traulicher Platz. Erfrischung und Stärkung bietet Küche und Keller der freundlichen Forstwartsfamilie. Hierher machen die Dürkheimer sehr gerne ihre Parthien. Auf dem Rückwege kommen wir 20 Minuten vom Jägerthal gegen Dürkheim entfernt zur

Alten Schmelz,

einem empfehlenswerthen Wirthshause. Entfernung der Isenach von Dürkheim 3 Stunden.

9. und setzte Tour.

Peterskopf, Höningen und Altleiningen.

Wie die vorhergehende eine Tagparthie. Vom Weilach aus ersteigt man in 20 Minuten bis ¹⁄₂ Stunde
den Peterskopf. Der Weg ist leicht zu finden. Fast auf
der Höhe zweigt sich ein Fußweg rechts ab und führt
zu einer Felsparthie, die Herr Revierförster Lindemann
von Dürkheim dazu benutzt hat, ein herrliches Ruhe-
plätzchen herzustellen, wodurch er sich gewiß den Dank
aller Besucher erworben hat. Herrliche Aussicht über
die Ebene. Auf der Höhe des Berges bietet die Aussicht nach S. O. das uns schon bekannte Landschaftsbild
der Ebene nach Speyer und dem Schwarzwalde. Auch
der Hohenasperg bei Stuttgart ist für ein gutes Auge
sichtbar. — Nach N. O. Taunus und die Bergstraße.
Wer in südwestlicher Richtung auf der Höhe des Berges
fortgeht, gelangt zu einer schönen Felsparthie dem

Heidenfels.

Ueberraschender Blick auf die Hartenburg und das
Dürkheimer Thal: Von Süd-West über West bis Norden breitet sich ein wunderbares Gebirgspanorama aus,
in dem man als leitende Punkte im Norden den
Donnersberg, im Westen den Höcherberg bei
Homburg sich merke. Der Heidenfels lohnt reichlich eine
Tour zu ihm. Man gehe vom Heidenfels wieder zurück
auf den Fahrweg und über diesen hinüber auf den Fußweg, der durch das Langenthal hinabführt. In ³⁄₄ Stunde
erreicht man das Ende desselben und sieht jetzt, sobald
man aus dem Walde tritt, links liegen:

Höningen.

Ein unbedeutendes Dörschen; Sehenswerth das Kirch-
lein auf dem Kirchhofe. Ehemals Augustinerkloster, das
im Jahre 1120 durch Emich II. von Leiningen erbaut

wurde. Familienbegräbniß der Leininger, ehe es auf die
Limburg kam. 1447 eine der Zuchtlosigkeit der Mönche
wegen nöthig gewordene Reorganisation des Klosters.
1555 waren die meisten Mönche der lutherischen Lehre
zugethan; das Kloster wurde deßhalb aufgehoben und
die Mönche wurden lutherische Pfarrer. 1559 brannten
die Klostergebäude ab. 1573 errichtete Graf Philipp I.
in den neuerstandenen Gebäuden eine gelehrte Schule.
1580 wurde dieselbe durch die Pest unterbrochen. 1615
war sie so besucht, daß ein neues Schulhaus errichtet
werden mußte. Im 30jährigen Kriege ging die Schule
zu Grunde. Was von ihrem Eigenthum noch übrig war,
kam an die im 18. Jahrhundert als Fortsetzung der
Höningerschule in Grünstadt errichtete Anstalt.

In der Nähe der Klosterruinen ein 5faches Echo.
In einer halben Stunde gelangen wir von hier nach
Altleiningen, das in einem schönen Wiesenthale liegt.
In der Nähe die Ruinen des gräflichen Schlosses,
das 1525 im Bauernkriege zerstört, dann wieder aufgebaut und 1690 von den Franzosen wieder in eine
Ruine verwandelt wurde. Sehenswerth ist in Altleiningen ein Brunnen, der aus 14 in einer Reihe liegenden
Röhren fließt. Empfehlenswerth das unmittelbar bei
dem Brunnen liegende Wirthshaus von Zimmermann.
Bei Altleiningen liegt gegen Westen auf einer ausgedehnten Hochebene Karlsberg, im Volksmunde „Matzen-
berg". Ein Dorf, das aus weitverstreuten Gehöften
besteht, und zur Einwohnerschaft sogenannte „Schnurran-
ten" hat, die in der ganzen Welt herum haustren,
musiciren ꝛe ꝛc. Von Altleiningen führt uns unser
Weg durch das Thal, das der Karlbach durchfließt.
Wir kommen zuerst nach ½ Stunde an den sehenswerthen früher Gienant'schen Drahtzug und von da an
den Hinkelstein, eine lose Felsenmasse, gegenüber der

Einmündung des Silberthales. An der Mündung des
Thales in die Ebene liegt Neuleiningen, das von Außen
sehr schön anzusehen ist, im Innern aber durchaus keinen
freundlichen Einblick gewährt. Angelegt war die Burg
von Friedrich III. Zerstört wurde sie im Jahre 1690
von den Franzosen. — Wir folgen dem Bache und
kommen zu dem freundlichen Orte Kleinkarlbach. Von
hier aus gehen wir längs dem Gebirge durch die Orte
Bobenheim, Weisenheim und Leistadt zurück. Rechts auf
der Höhe erblicken wir

Battenberg.

Schöne Aussicht, hauptsächlich von dem alten Thurme,
dem einzigen Ueberrest der einstigen Battenburg. Der
Berg ist für Geologen sehr interessant. (Siehe die geol.
Skizze bei Forster Basaltbruch.) — Der Weg von Altleiningen bis Neuleiningen, resp. Kleinkarlbach, beträgt
1 starke Stunde. Von da geht man in 2½ Stunden
bequem nach Dürkheim. —

Wir haben nun im Vorhergehenden 9 Touren vor-
geschlagen und beschrieben, die zu allen sehenswerthen
Einzelheiten unserer Gegend führen, und so einen Ge-
sammteindruck derselben verschaffen. Wir dachten dabei
an solche Fremde, die einige Tage dableiben. Es ist
aber selbstverständlich, daß diese Touren alle wieder sich
in kleinere Touren zerlegen, und daß sie in anderer
Zusammenstellung sich ausführen lassen. Wir führen
nun noch die Angabe einzelner schöner Wege und Touren
an, die aber alle mit den schon berührten Punkten in
Verbindung stehen.

1) Zum Weilach führt ein Weg an der Ziegelhütte des Herrn Louis Fitz vorbei, woselbst er links
an den Steinbrüchen vorbei in südwestlicher Richtung

aufwärts steigt. (Weiter als der in der 2. Tour be=
schriebene, aber nicht so steil.)

2) Bom Weilach nach Hardenburg führt ein
wunderschöner Weg, der auf Weilach leicht erfragt wer=
den kann.

3) Zum Brunholdisstuhl und zum Teufel=
stein führen von dem Weilach = Wege der 2. Tour
links ab durch Wegweiser angezeigte Wege.

4) Der directe Weg zur schönen Aussicht
führt aus der Straße hinterm Berg in der Nähe der
3 Mühlen ziemlich steil aufwärts. Man gelangt zuerst
an eine Ruhebank und bei dieser zieht sich der Weg um
einen neu angelegten Weinberg herum. Ist nicht zu fehlen.

5) Der Weg über das Köppel führt, wenn man
ihm gerade folgt, in einer kleinen Stunde in das Pop=
penthal, das sich nach Osten ³/₄ Stunden hinzieht
und bei Wachenheim in die Ebene mündet. Lohnender
Spaziergang. Auch über Seebach und den Mundhar=
terhof (siehe 4. Tour) und an diesem südlich hinabstei=
gend gelangt man ins Poppenthal und zwar in 50
Minuten.

6) Zum Flaggenthurm führen bei den Bart'=
schen Bierkellern (siehe 1. Tour) Treppen aufwärts. In
demselben Thale, weiter oben ein Fußpfad durch den
Kastanienwald (Entfernung ¹/₂ Stunde).

7) Von Wachenheim nach Forst führt ein sehr
schöner Weg durch die Weinberge. Herrliche Aussicht.
Man biege bei der Kirche in Wachenheim rechts in die
Straße ein und behalte, wenn man den ersten Weg von
dieser aus links eingeschlagen hat, das Kreuz im Auge,
das sich am Fuße des Berges auf dem kleinen Hügel
erhebt. 20 Minuten weiter als der directe Weg nach
Forst.

8) Ueber die Leiſtadter Höhe hinab nach Kallſtabt und von da zurück; ein ſehr ſchöner Weg. In 2 Stunden zurückzulegen.

9) Wenn man den Weg der 4. Tour über das Köppel einſchlägt, und an dem Kreuzwege, wo der Weg zur Limburg rechts abgeht, wieder wie bei jener Tour links den Weg einſchlägt, kommt man bald zu einer Ruhebank; bei dieſer führt eine Schneuße gerade auf zum Gipfel des Ebersberges. Lohnende Fernſicht. —

10) Auf den Peterskopf führt von Leiſtadt aus ein Fahrweg, der nicht irre gehen läßt.

11) Von Leiſtadt weſtlich, doch nicht ohne Führer aufzuſuchen, liegt das Weilerköpfchen. 1¾ Stunden entfernt. Herrliche Ausſicht.

Empfehlenswerthe
Schriften, Karten und Ansichten.
Verlag von **Georg Lang** in Dürkheim.

Dr. Kaufmann, Die Soolquellen zu Dürkheim 1867 — 36 kr

" " Die Traubenkur " " — 36 kr.

Boden-Karte der Umgebung von Dürkheim. Geol. Aufnahme im Massstabe von 100,000 vom Salinen-Inspector L a u b m a n n. Farbendruck.

Special-Karte der Umgebungen von Dürkheim — 18 kr.

Vorzüglich schöne photgr. Ansichten von Dürkheim, Limburg, Hardenburg, Wachenheim, Seebach etc. in verschied. Aufnahmen.

```
in Visitenkartenformat pr. Stück — 12 kr.
in Cabinetformat         „    — 24 kr.
in Quart                 „  1 fl. — kr.
```

Lithograph. Ansichten in Folio, in Tondruck
und Farbendruck.

Verlag von G. L. Lang in Speier.

'**Lehmann,** Wegweiser durch die Pfalz. Mit einer
Reisekarte. Cart. 1 fl. — in Leinw. geb. 1 fl. 12 kr.

Lang, Führer durch Speyer und dem Kaiserdom — 12 kr.

Gärtner, Geschichte der pfälz. Burgen und Schlösser, 2 Bde.   2 fl. — kr.

Schultz, Dr. Fr., Flora der Pfalz   4 fl. 12 kr.

Reisekarten durch die bayer. Rheinpfalz   — 18 kr

Specialkarte der Pfalz. Farbendruck. Mit den
Eisenbahnen, Strassen, Höfen, Mühlen, Ruinen,
Bergnamen etc., sowie statistichen etc, Notizen.
(Die handlichſte und zuverläſſigſte Reiſe- und
Comptoirkarte von der Pfalz.) Bis auf die
neueste Zeit revidirt   1 fl. 12 kr.

Ansichten von Speyer und dem Kaiserdome in
allen Formaten.

Inhaltsverzeichniß.

～～～～～

8*

Berichtigungen.

Seite 9 Zeile 9 von oben soll es heißen von Westen nach Osten statt von Osten nach Westen.

Seite 27 Zeile 4 von unten soll es heißen Friedrich IV. statt Friedrich VII.

Seite 56 Zeile 17 von oben soll es heißen an das statt zu dem.